Heiner Boehncke

Kreatives Schreiben
für die 5. bis 8. Klasse

W0180145

[Eins plus]

Herausgegeben von
Bettina Mähler und Michael Meyer

Bettina Mähler, Journalistin, Buchautorin, ist Erziehungs-
beraterin an der *Elternakademie am Burckhardthaus
Gelnhausen e. V.* sowie Institutsleiterin des *Zentrums für
Mathematik und Literatur Gelnhausen.*

Michael Meyer ist Geschäftsführer des Trägervereins *Zentrum
für Mathematik e. V.* in Bensheim und dort Leiter des Fach-
seminars Mathematik am *Studienseminar für Gymnasien.*

[Eins plus]

Begabungen fördern
im Deutschunterricht

Heiner Boehncke

Kreatives Schreiben
für die 5. bis 8. Klasse

Cornelsen
SCRIPTOR

 http://www.cornelsen.de

Bibliografische Information: Die Deutsche Bibliothek verzeichnet diese Publikation in der Deutschen Nationalbibliografie; detaillierte bibliografische Daten sind im Internet über http://dnb.ddb.de abrufbar.

Dieses Werk berücksichtigt die Regeln der reformierten Rechtschreibung und Zeichensetzung.

5.	4.	3.	2.	1.	Die letzten Ziffern bezeichnen
08	07	06	05	04	Zahl und Jahr der Auflage.

© 2004 Cornelsen Verlag Scriptor GmbH & Co. KG, Berlin
Redaktion: Daniela Brunner, Düsseldorf
Herstellung: Brigitte Bredow, Berlin
Reihengestaltung und Layout: FROMM MediaDesign GmbH, Selters/Ts.
Illustrationen: Amelie Glienke, Berlin
Umschlagentwurf: Magdalene Krumbeck, Wuppertal
Druck und Bindearbeiten: Clausen & Bosse, Leck
Printed in Germany
ISBN 3-589-22033-3
Bestellnummer 220333

 Gedruckt auf säurefreiem Papier,
umweltschonend hergestellt aus chlorfrei gebleichten Faserstoffen.

Inhaltsverzeichnis

Vorwort

„Ich weiß ja, dass Tanja und Oliver sich im Unterricht langweilen", meint die Klassenlehrerin zu ihrer Kollegin. „Aber was soll ich mit ihnen machen?"

Begabung und Hochbegabung sind keine Tabuthemen mehr. Glücklicherweise. Allerorten gibt es in diesem Bereich Neuerungen. Seit 1997 erlassen die Bundesländer auf Empfehlung der Kultusministerkonferenz Gesetze und Verordnungen zur Förderung von begabten und hochbegabten Schülerinnen und Schülern. Gleichzeitig wurden Fortbildungsreihen für Lehrerinnen und Lehrer ins Leben gerufen und das Thema Hochbegabung in den Ausbildungsplänen einiger Studienseminare und Hochschulen berücksichtigt.

Parallel dazu entstanden private Beratungsstellen, Initiativen und Institutionen zur Förderung dieser Kinder und Jugendlichen. Eine davon ist das „Zentrum für Mathematik e.V. in Bensheim". 1998 gegründet, hat der Verein heute über 100 Mitglieder, die sich die außerschulische Förderung befähigter Kinder und Jugendlicher in Mathematik und Naturwissenschaften zur Aufgabe gemacht haben. Seit 2002 werden im Zentrum begabte Schülerinnen und Schüler auch sprachlich gefördert. Die meisten dieser Förderkurse werden jährlich in drei Staffeln mit je fünf Terminen innerhalb eines Zeitraums von zwei bis vier Stunden durchgeführt, und zwar in Instituten, die es zurzeit in Bensheim, Fulda, Wetzlar, Heilbronn und Gelnhausen gibt. Hier treffen sich diejenigen Kinder und Jugendlichen, denen das Angebot an den Schulen nicht genügt.

Die Erfahrungen, die in den Bereichen des Trägervereins gesammelt wurden, können auch dem Unterricht an staatlichen Schulen zugute kommen. Denn nicht selten steht eine Lehrerin oder ein Lehrer vor einer Klasse, wohl wissend, dass darin ein, zwei oder drei besonders begabte Schülerinnen oder Schüler sitzen. Und diese sind nach fünf Minuten mit den Aufgaben fertig, für die die anderen die ganze Schulstunde brauchen. Oder sie langweilen sich, weil die Lehrerin oder der Lehrer ihnen – um die anderen nicht zu überfordern – nicht genug Anspruchsvolles bieten kann. Da mag es durchaus passieren, dass diese unterforderten Mädchen und Jungen anfangen zu träumen – oder zu stören.

Für diese Situation ist die Buchreihe „Eins plus" konzipiert. Sie gibt die langjährigen Erfahrungen aus Projekten des Trägervereins „Zentrum für Mathematik e. V." weiter. Sie zeigt, mit welchen Aufgaben besonders begabte und interessierte Schülerinnen und Schüler gefesselt werden können:

- Dann, wenn sie wieder einmal als Erste ihr Aufgabenblatt abgeben.
- Oder, wenn sie als „Bonbon" eine besonders anspruchsvolle Aufgabe bekommen sollen.
- Oder, weil sie eine Extra-Hausaufgabe wünschen (und vielleicht von der regulären befreit werden).
- Oder, weil die ganze Klasse einmal etwas anderes machen will, als im Lehrplan steht.

Wir wünschen Ihnen viel Vergnügen.

Die Herausgeber

BETTINA MÄHLER   MICHAEL MEYER

Einleitung

Die Beispiele und Aufgaben in diesem Buch entstammen der Schreibwerkstatt im „Zentrum für Mathematik und Literatur Gelnhausen". Dort wurden sie in einem Zeitraum von zwei Jahren ausgeführt und erprobt. An den Schreibkursen haben Schülerinnen und Schüler teilgenommen, deren Interessen und Begabungen über den Schulunterricht hinaus gefördert werden sollten. Sie mussten für das Schreiben nicht erst motiviert werden. Sie beteiligten sich engagiert und mit Ausdauer an der Suche nach immer neuen Schreibweisen und Ausdrucksmöglichkeiten. Dafür bedanke ich mich und freue mich sehr darüber, dass andere Schülerinnen und Schüler auf der Grundlage dieser Erfahrungen weiterarbeiten können.

Die Schreibaufgaben sind in den meisten Fällen so formuliert, dass sie von einzelnen Schülerinnen und Schülern aufgenommen werden können. Es werden aber auch Vorschläge gemacht, die von kleinen Gruppen zu realisieren sind oder Impulse für den Unterricht geben können.

Schreiben wird hier nicht als isolierte Tätigkeit aufgefasst, sondern als Ausdrucks- und Mitteilungspraxis, die in unterschiedliche Kontexte eingebettet ist und eine Reihe von Fertigkeiten und Fähigkeiten fordert und fördert. Sprechen, lesen, darstellen, recherchieren, forschen ebenso wie der selbstverständliche Umgang mit dem Computer, dem Rekorder oder der Kamera. Beim Gebrauch neuer und neuester Kommunikationstechniken sind die Schülerinnen und Schüler ihren Lehrern oft um einige Nasenlängen voraus, und das schadet dem Unterricht in keiner Weise.

Ich wurde nicht nur immer wieder von der ästhetischen Qualität der Texte überrascht, von Gedichten und Geschichten, artikulierten Gedanken und Gefühlen, sondern auch von der technischen Souveränität bei der Eigenproduktion von Hörbüchern oder überraschenden Basteleien am Computer-Schnittplatz und einer Schriftgestaltung, die Gutenberg (vielleicht) entzückt hätte.

Fazit: Es ist gar nicht so einfach, die elf- bis vierzehnjährigen Schülerinnen und Schüler, die sich dem Schreiben und dem Lesen verschrieben haben, zu überfordern. Die Gefahr liegt viel eher darin, ihnen die Lust an Schrift und Schreiben ein für alle Mal auszutreiben.

HEINER BOEHNCKE

I. Wortgeschichten

1. Herkunft

Die Herkunft von Wörtern und Redewendungen herauszufinden, macht
nicht nur Spaß, sondern man lernt dabei auch wichtige Hilfsmittel wie Lexika und etymologische Nachschlagewerke kennen. Da die schreibfreudi-
gen Schülerinnen und Schüler immer und immer wieder als professionell
arbeitende Fachleute des Schreibens angesprochen werden, ist die Benut-
zung von Hilfsmitteln und Handwerkszeug vollkommen selbstverständlich.
Ohne eine Arbeitsbibliothek und allmählich wachsende Routine im Internet kann sich keine Schreibkompetenz entwickeln.

Aufgabe

Finde die Herkunft von folgenden Wörtern heraus:

Fenster	machen
Apotheke	Genie
Sangria	Schickse
Logik	Druide
Liebe	Tisch
Susanne	ciao!
malochen	Pommes
Chuzpe	Poliklinik
Handy	Döner
Computer	Schokolade
Lounge	tschüs! oder tschüss!

Als Hilfsmittel sind Herkunftswörterbücher (z. B. „DUDEN, Bd. 7" oder
„Schülerduden Wortgeschichte") zu empfehlen.

Weitere Aufgaben

▶ Finde Beispielwörter, die ursprünglich aus den folgenden Sprachen stam-
men: Jiddisch, Rotwelsch, Keltisch, Griechisch, Lateinisch, Germanisch, Spa-
nisch, Italienisch und Türkisch.

▶ Suche im Internet nach Lexika und Fachliteratur, die dir weiterhelfen können.

▶ Bei „Google" zum Beispiel finden sich im Lexikon Rotwelsch – Deutsch folgende Wörter:

abketschen, Klufting abketschen	–	ausziehen, Kleidung ablegen
abkratzen	–	fortgehen
abstieben	–	fortgehen
achaume	–	sehen
achprosch	–	Dieb

Kläre, was „Rotwelsch" ist. Welche Wörter aus dieser alten geheimen Sondersprache der Gauner und Fahrenden sind bis heute gebräuchlich?

▶ Wende dich per E-Mail oder Telefon an eine Sprachwissenschaftlerin oder einen Sprachwissenschaftler an der Universität. Wenn sie oder er nicht vollkommen überlastet ist, wirst du bald eine Antwort bekommen.

Viele Wissenschaftler sind gerade dabei, sich für solche Fragen zu öffnen. Zu diesem Thema ist das Buch „Die Kinder-Uni" von JANSSEN und STEUER-NAGEL (2003) lesenswert. Es liegt auch als Hörbuch vor.

2. Geheimsprachen

 ### Aufgabe für Bastler

Wenn dich die Geheimsprache „Rotwelsch" interessiert, kannst du mehr darüber lesen und zum Beispiel historische Räuberfiguren kennen lernen, die rotwelsch sprachen, um Überfälle zu planen.

Informationen zu dieser Aufgabe finden sich z. B. in dem Band „Die deutschen Räuberbanden" (1991).

 ### Weitere Aufgabe

Was sind „Zinken"? Wer hat sie verwendet? Gibt es so etwas auch heute noch?

Mehr über Geheimsprachen und Geheimschriften findet man in dem Buch „Streng geheim" von RUDOLF KIPPENHAHN (2002).

✗	Nichts zu machen.		Hier kann Gewalt ausgeübt werden.
○	Nichts zu machen.		Hier bekommt man Nachtlager.
ⓤ	Inhaber dieses Hauses ruft die Polizei!		Achtung Gefahr!
⊚	Hier erhält man Geld.		Besitzer ist brutal.
||||	Hausinhaber gibt nur gegen Arbeitsleistung.	△ ∆ ◦	Frau ist allein mit Dienstmädchen.
▢	Hier wird nichts gegeben.	∨△△	Mitleidige Frauen.
⋏	Hier wohnen Frauen, die sich leicht beschwatzen lassen.	∨	Ein Kranker bekommt etwas.
⌣	Bissiger Hund ist hier!	∞	Man kann hier recht zudringlich werden.
⌇⌇⌇	Bissiger Hund!	+	Recht fromm tun.
▦	Gefängnis droht.	∅	Hier ist Diebstahl lohnend.
⊞	Die Leute lassen sich einschüchtern.	⟳	Vorübergehen. Hier ist nichts zu machen.
≠≠	Wohnung eines Polizisten.		Alarmglocken im Hause!

Beispiele für „Zinken", die Geheimsprache der Bettler, Hausierer und fahrenden Gesellen

3. „Fremd"-Sprachen

Die einzelnen Wörter aus anderen Sprachen und Kulturen eignen sich gut
für weitere Übungen und Aufgaben:

🔍 Aufgaben

▶ Welche Wörter kennst du für italienische Speisen und Getränke? Wann
und wie kamen diese Wörter nach Deutschland?

▶ Wie spricht man heute in Griechenland?

▶ Welche türkischen Wörter und Bezeichnungen kennst du? Wie sieht eine
türkische Speisekarte aus? Du findest sicher jemanden, der dir bei dieser
Aufgabe helfen kann.

▶ Welche spanischen Wörter und Redewendungen kennst du?

🔍 Aufgabe

Unterstreiche in einem Text sämtliche Wörter, von denen du annimmst, dass
sie einmal aus einer anderen Sprache kamen.

Wenn das Interesse an Wortgeschichten geweckt wurde, können verschie-
dene Wörterbücher weiterhelfen. Zum Beispiel: ALTHAUS 2003, MAIER 2003
und NABIL 1992.

4. Sonderfall Denglisch

Beim „Denglischen" (der Begriff setzt sich mehr und mehr durch) kann
man nahezu täglich Zeuge bei der Entstehung neuer Wörter sein. Bei
„Google" findet man ein Wörterbuch „Denglisch für Anfänger". Daraus einige Beispiele.

📋 Beispiele

Ambient	–	Umgebung
Beauty	–	Schönheit, Kosmetik, Körperpflege
Bestseller	–	Beispiel „Harry Potter"
Casting	–	Auswahlvorgang von Bewerbern
Dinks	–	„double income, no kids"
Event	–	Ereignis
Fitness	–	körperliche Tüchtigkeit

giga	–	milliardenfach, mehr als „mega"
Handy	–	Pseudo-Anglizismus, der sich aber neuerdings in den USA einbürgert
Indoor	–	drinnen, im Haus
Just for fun	–	aus reinem Vergnügen
Kick-Off	–	anstoßen, lostreten
Location	–	Ort, Veranstaltungsort
Marketing	–	Maßnahmen, den Absatz zu fördern
Nightlife	–	Nachtleben
On demand	–	auf Abruf
Publicity	–	Bekanntheit, Öffentlichkeit, Werbung
Quick & Dirty	–	schnelle, aber unausgereifte Lösung
relaxen	–	entspannen, ausruhen
Spot	–	Schlaglicht, kurzer Film, kurzer Spruch
Teaser	–	Blickfang, Aufhänger
updaten	–	auf den neuesten Stand bringen
Value	–	Wert
Wellness	–	Wohlbefinden, vor allem in Europa gebräuchlich
X	–	Kürzel, z. B. in eXtreme
Yuppie	–	junge, gut ausgebildete Großstadtmenschen
zappen	–	mit der Fernbedienung „umherwandern"

Die meisten dieser Beispiele sind den Schülerinnen und Schülern geläufig.

 Aufgabe

Schreibe einen witzigen Text mit möglichst vielen denglischen Ausdrücken, aber auch mit eigenen Erfindungen.

5. Untergegangene Wörter

Es gibt zahlreiche altmodische Wörter, die die Großeltern und Urgroßeltern noch benutzt haben, die aber heute ausgestorben sind.

Folgende Wörter fielen den Schülerinnen und Schülern spontan ein:

 Beispiele

Knabe	gen Himmel
Broiler	Ross
Weib	Trottoir
Maid	

Das Interesse an diesen merkwürdigen Wörtern war sehr groß und das einschlägige Wörterbuch (Osman 1971) wurde mit Vergnügen konsultiert. Dass ein Arzt in der Goethezeit auch „Harnprophet" genannt wurde, erregte besonders Heiterkeit.

 Aufgabe

Sammle untergegangene Wörter in deiner Umgebung. Suche sie in alten Büchern und Lexika oder bitte deine Großeltern um Listen solcher Wörter. Benutze diese Wörter in einer Geschichte oder schreibe eine kleine Szene. Das Enkelkind könnte versuchen, auf die unverständlichen Wörter der Oma mit denglischen Begriffen zu antworten.

 Aufgabe

Suche aus einem alten Text, den dir die Lehrerin, der Lehrer in Kopie gibt, die unverständlichen Wörter heraus und versuche, sie mit Hilfe des Lexikons zu erklären.

6. Dialektwörter

In Bayern beispielsweise wird man mit dem Dialekt anders umgehen als in Sachsen oder Hessen. Jede Mundart hat ihr eigenes „Image". Durch den jeweils eigenen Dialekt, Ferienaufenthalte, Radio und Fernsehen kann von einem hohen Kenntnisstand diesbezüglich ausgegangen werden. Die meisten Schülerinnen und Schüler können mehrere Mundarten benennen und ein paar Brocken sprechen. Weniger bekannt ist die Tatsache, dass es auch Dialekt-Literaturen gibt. Hier kann man ansetzen.

 Aufgabe

Schreibe einen Text in deinem Dialekt. Achte dabei nicht auf die Rechtschreibung. Versuche so zu schreiben, wie man spricht.

 Weitere Aufgaben

▶ Sammle seltene Dialektausdrücke aus deiner Umgebung. Dabei merkt man dann in vielen Fällen, dass der Dialekt oder die Dialekt-Reste von Stadt zu Stadt, von Dorf zu Dorf unterschiedlich sind. Auch hier helfen Wörterbücher.

▶ Suche beispielsweise im Internet Texte aus vier deutschen Dialekten. Im Süden spricht man z. B. bayerisch. Achte auf die Unterschiede zwischen Ober- und Niederbayerisch.
Im Norden spricht man z. B. niederdeutsch oder plattdeutsch. Da gibt es auch wieder große Unterschiede. Besorge dir einmal „Das Märchen vom Fischer und siner Frau" der Brüder Grimm. Versuche, es laut zu lesen. Kennst du jemanden, der niederdeutsch spricht? Lasse es dir vorlesen, nimm es mit deinem Rekorder auf, vielleicht kannst du es im Unterricht vorspielen.
Im Westen gibt es z. B. den Ruhrpott-Dialekt oder besser die Dialekte, im Osten spricht man z. B. berlinerisch.

Aufgabe

Nimm mit dem Rekorder einen kurzen Text in möglichst vielen und markanten Dialekten auf. Wenn du selbst am Computer „schneiden" kannst oder jemanden kennst, der eine Schnitt-Software hat, dann bearbeite die Dialekt-Collage und füge als Sprecherin, Sprecher jeweils hinzu, um welchen Dialekt es sich handelt und wer den Text spricht. Auf CD-ROM gebrannt, entsteht so ein Dialekt-Hörbuch, dem viele weitere Hörbücher, die du herstellst, folgen können.

Aufgabe

Sammle die Dialektwörter für Brötchen (z. B. Schrippe, Weck ...) und für „hier gilt es nicht", was in Hessen z. B. „hola" heißt.

7. Namen

Diese Übungen sollen dabei helfen, ein Gefühl für Namen zu schaffen, die in eigenen Texten verwendet werden oder die in literarischen Texten begegnen.

Eine kurze, sehr allgemein gehaltene Namenkunde führt in die Herkunft der Vor- und Familiennamen im deutschen Sprachgebiet ein. Jede Schülerin, jeder Schüler möchte die Herkunft und Bedeutung des eigenen Namens kennen. Als Beispiel können die Familiennamen aus Berufsbezeichnungen dienen: Müller, Fleischer, Bäcker, Schmied, Schlosser, Schreiner, Wagner etc. Als Literatur eignet sich z. B. der „dtv-Atlas Namenkunde" (KUNZE 2003).

✎ Aufgabe

Suche im Internet nach den Bedeutungen der Vor- und Familiennamen deiner Mitschülerinnen und Mitschüler.

Besonders interessant sind die Namen der Mitschülerinnen und Mitschüler ausländischer Herkunft, weil man deren Bedeutung oft überhaupt nicht kennt. Wenn man dann zum Beispiel herausfindet, dass „Susanne" oder „Suse" von dem hebräischen „Susanna" stammt und „Lilie" bedeutet, dann staunt man ebenso, wie über

- „Jonas" (Taube),
- „Jakob" (Gott möge beschützen),
- „Sara" (Fürstin) und
- „Lea" (Wildkuh).

Bei dieser Gelegenheit werden ein paar allgemein bekannte Pseudonyme aufgeklärt.

✎ Aufgabe

Finde heraus, wie folgende Damen und Herren, die ein Pseudonym benutz(t)en, mit bürgerlichem Namen heißen:

- Roy Black (Gerd Höllerich)
- Doris Day (Doris von Kappelhoff)
- Udo Jürgens (Udo Jürgen Bockelmann)
- Klaus Kinski (Claus Günther Nakszynski)
- Joachim Ringelnatz (Hans Böttcher)
- Loriot (Vicco Graf von Bülow)
- Romy Schneider (Rosemarie Albach-Retty)

✎ Aufgabe

Woher kommen die folgenden Bezeichnungen?

- Haribo (Hans Riegel, Bonn)
- Dieselmotor (Rudolph Diesel)
- Hertie (Hermann Tietze)
- Vertiko (von dem Berliner Tischler Vertikow)
- Opel (Adam Opel)

Aufgaben

▶ Welcher Name, den du kennst, lässt sich am schwierigsten schreiben?

▶ Wie würdest du deine fünf Töchter und fünf Söhne nennen?

▶ Welche Modenamen fallen dir ein?

▶ Wie heißen Bekannte und Verwandte deiner Mutter, deines Vaters mit Vornamen? Wie heißen Verwandte deiner Großeltern mit Vornamen?

▶ Wie heißen deine Lieblingshelden?

▶ Welche Namen findest du schön, welche findest du entsetzlich?

II. Reim dich oder reim dich nich(t)

Das unvermutet starke Interesse an Gedichten in dieser Altersstufe mag zweierlei
Gründe haben. Zum einen scheinen Gedichte
geeignet, um solche unklaren Phänomene wie Gefühle auszudrücken, zum
anderen bieten poetische Schreibweisen die Gelegenheit, mit der Sprache
zu spielen und ihre Regeln auszuprobieren.

Am Anfang lyrischer Experimente sollten nicht Reim und Rhythmus,
Versmaß und Strophenform stehen, sondern vielmehr die freie Assozia-
tion, bei der mit Stimmungen und der Stärke einzelner Wörter gespielt
werden kann.

1. Poetisches Assoziationsspiel

Man nehme ein Buch, möglichst einen Roman, und tippe blind auf eine kleine Zahl von Wörtern. Ohne Überlegung wird dann sehr schnell geschrieben. Einmal wurden auf diese Weise folgende Wörter gefunden:

 Beispiel

Mond	Messer
Fluss	kochen
duften	

Marcel machte daraus:

> Wenn der große Mond silbern scheint,
> wer kann dem Duft der Zauberblumen dann entgehen,
> wenn sie kochend
> wie zerschmolzene Messer
> diesen Lavafluss entlangschwimmen.

Melanie schrieb:

> Er sah auf.
> Der Mond hüllte den Friedhof in ein blasses silbernes Licht.
> Er roch Blut.
> Es duftete nach Leben.
> Nach Tod.
> Er rannte los, folgte seinen Trieben.
> Er sah sie.
> Packte sie.
> Das Messer in ihrer Brust ignorierend rammte er seine Zähne in ihren Hals.
> Schon bald spürte er, wie fremdes Blut seinen Körper durchlief.
> Kochend floss es seine Kehle hinunter.
> Als etwas Spitzes plötzlich sein Herz durchbohrte, stoppte der Fluss aus Energie.
> Aus Leben.
> Und endete in Tod.
> In seinem.

Anonym wurde diese Variante abgeliefert:

> Kochend der Fluss.
> Der Mond vom Wolkenmesser
> geschnitten in
> zwei Teile.
> Kirschblüten duften am letzten Frühlingstag.

Ein andermal hießen die zufällig gefundenen Wörter:

 Beispiel

> blau
> sägen
> Sonne
> Angst
> schief

Die Texte, die Bianka und Marcel dazu schrieben, finden sich auf den nächsten beiden Seiten.

Die Sonne schien,

der Himmel war blau,

doch trotz dieser Schönheit

hatte ich Angst.

Denn ich sah keinen

blauen Himmel,

keine strahlende Sonne,

hörte keine Vögel

fröhlich zwitschern.

Ich hörte ein schiefes und grässliches Sägen,

sah einen tiefschwarzen und

wolkenverhangenen Himmel

und hörte Krähen kreischend über die Wipfel

der Bäume hinwegfliegen.

Denn hinter dieser wunderschönen Fassade,

dort lag, einzig und allein für mich sichtbar,

die dunkle Realität.

Bianka

ORION

v. MARCEL

WIE SCHIEF DIE BLAUE SONNE IST,

WENN DIE ANGST DEN GROSSEN JÄGER

SEIN WILD FALSCH ZERSÄGEN LÄSST.

 **Aufgabe**

Tippe blind auf fünf bis sieben Wörter in einem Roman und schreibe dann sofort einen poetischen Text. Es muss kein Reim vorkommen. Die Reihenfolge der Wörter im Text ist beliebig.

Diese Methode lässt sich vielfach variieren. Zum Beispiel können die Schülerinnen und Schüler jemanden bitten, auf Seite x in der x-ten Zeile das x-te Wort zu suchen und das sieben Mal mit anderen Stellen zu wiederholen, bis die Wörter für den Text gefunden sind. Der Zufall ist ein guter Ratgeber beim poetischen Schreiben.

Wenn nicht der Zufall die Wörter für einen poetischen Text generiert, sondern die etwas hinterhältige Wahl der Lehrerin/des Lehrers, reagieren die Schülerinnen und Schüler mit Abwehr oder sie lassen sich in süßer Traurigkeit vom Angebot der Wörter tragen.

Das Angebot lautete:

Nebel
ich
Baum
wandern
einsam

Ann-Kathrin machte daraus:

Ich wandere allein im Nebel,
und sehe vor mir einen Schemel.
Warum steht er so einsam vor einem Baum?
Keine Ahnung, ich weiß es kaum.
Und die Moral von der Geschicht?
Alles Quatsch, drum frag ich nicht.

Sie lieferte noch eine kürzere Variante:

Ich wandere allein im Nebel herum.
Vor mir, auf einem Feld,
steht einsam ein Baum.

Michelle lässt sich auf die poetische Stimmung ein, die durch die Schlüsselwörter suggeriert wird, wie der Text von ihr auf der nächsten Seite demonstriert.

Herbst,
langsam wandere ich durch den Wald.
Um mich herum die Bäume schweigen.
Der dichte Nebel verschluckt alle Geräusche.
Eine Krähe,
die dicht neben mir auffliegt,
höre ich wie durch einen dichten Vorhang kreischen.
Allein wandere ich den Weg entlang.
Ich bin doch nicht einsam.
Sanft umfängt mich der Nebel.
Mildert den Klang meiner Schritte.

Bianka spitzt es auf die Einsamkeit zu:

Einsame Wanderung

Ich wandere allein durch den Nebel,
dort auf dem Feld, dort stand
einsam ein Baum.

Die Ähnlichkeit zwischen den Gedichten von Bianka und Ann-Kathrin ist nicht zufällig. Sie saßen in der Schreibwerkstatt nebeneinander. Sie begriffen die Übernahme nicht als Plagiat, sondern als Variation.

Alle Teilnehmer haben das Schriftbild ihrer Gedichte am Computer selbstständig gestaltet.

Als ein kleines Drama mit gutem Ausgang hat Tilmann den Nebeltext geschrieben:

Ein kalter Morgen war es.
Einsam wanderte ich im Nebel umher.
Ich ging in den Wald, die Bäume rauschten im Wind.
Es wurde kälter, immer kälter.
Der Nebel wurde stärker.
Ich konnte fast nichts mehr sehen.
Doch schon bald wurde es wieder hell,
und ich sah mein Haus.

🔍 Aufgabe

Schreibe einen poetischen Text und verwende dabei die folgenden Wörter ...

(Hier ist die Fantasie der Lehrerin, des Lehrers gefragt und die Neugier auf den Ausgang des Experiments.)

Die Mischung aus Abwehr und Annahme poetischer Schreibweisen scheint mir in dieser Altersstufe so typisch wie das Schwanken zwischen witzigen, albernen, ironischen Tönen und ernsten, oft gefühlvollen Versuchen. Dass beides zum Ausdruck kommen kann, ist einer der Vorteile poetischen Schreibens. Es sollte den Schülerinnen und Schülern sehr deutlich gemacht werden, dass ihre Texte nicht für eine „aufdeckende", psychoanalytische Lektüre missbraucht werden.

2. Methode N + n

Diese Manipulationsmethode nimmt sich bekannte Gedichte oder andere Texte vor und spielt mit ihnen. In seinem „Wasserzeichen der Poesie" hat HANS MAGNUS ENZENSBERGER (2001) unter dem Pseudonym ANDREAS THALMAYR ein ganzes Arsenal an Variationsmöglichkeiten vorgestellt.

In einem gegebenen Gedicht wird jedes Nomen (Adjektiv, Verb) durch das in einem beliebigen Wörterbuch an n-ter Stelle folgende Nomen (Adjektiv, Verb) ersetzt. Dabei ist Mogeln streng verboten.

Der Witz dieses poetischen Spiels entfaltet sich am besten, wenn man einen allgemein bekannten Text wählt.

In einer poetischen Werkstatt nahmen wir uns einmal Goethes „Willkommen und Abschied" vor und behandelten es nach der Methode N + 13. Benutzt wurde dabei ein Wörterbuch Deutsch/Englisch. So entstand:

 Beispiel

Windel und Abschluss

Es schlug meine Hexe, geschwind zu Pfluge!
Es war getan fast eh gedacht.
Der Abgefallene wiegte schon die Erkundung,
Und an den Berufen hing der Nachweis:
Schon stand im Nekrologenklepper die Eigenart,
Eine aufgetürmte Ringelblume, da,
Wo Fistel aus dem Getränke
Mit hundert schwarzen Ausfällen sah.

Durch Zufallsfunde bei der blinden Suche nach Textstellen in einem Jugendbuch gelangten wir zu dem Gedicht auf der folgenden Seite.

> Nun ist es still im Höhepunkt und Schiefertafel
> Und in dem Mund ruht der Stempel
> Die Bindfäden summen so verschlafen
> Und in dem offenen Bodensee
> Benebelt von der Dummheit der Himbeere
> Im grauen Rohr ruht die Pumpe

„Benebelt von der Dummheit der Himbeere" – dieser surrealistische Satz gefiel uns außerordentlich, und er wird gern für die „verrückte" Seite der poetischen Produktion zitiert.

3. Reime etc.

Reime sollten nicht als kostbar, gedrechselt und abgehoben verstanden werden, sondern als eine Erweiterung des poetischen Ausdrucks, als Spiel mit Klängen, Silben und Wörtern. Allerdings ist die Suche nach Reimwörtern zugleich mit einem Zwang verbunden: Der Sprachspeicher wird gezielt nur nach Silben und Wörtern durchsucht, welche die Bedingung „Reim" erfüllen. Dieses Auswahlverfahren schafft jene Konzentration, die beim Verfassen poetischer Texte hilfreich und erforderlich ist.

Um den spielerischen Zwang beim Reimen mit Schwung einzuüben, wird die Aufgabe gestellt, ein „Gedicht" zu schreiben, in dem sich alles auf das reimen muss, woraus Gedichte bestehen: auf Zeilen! Diese reimsportliche Aufgabe wurde mit Bravour gelöst:

 Beispiel

> Ich schreib dir gerne diese Zeilen,
> doch ich muss mich sehr beeilen,
> denn ich muss zum Frühstück eilen,
> und muss dort die Brötchen teilen.
> Dann muss ich die Nägel feilen,
> kann mir nicht die Zeit einteilen,
> denn ich muss laufen 100 Meilen,
> Räuber fesseln mit den Seilen,
> erst noch meine Oma heilen,
> um dann bei dir zu verweilen.
> Elefanten müssen sich langweilen,
> mit denen darf ich mich nicht verkeilen,

Bonbons muss ich dann verteilen,
kann mich endlich dann abseilen,
doch die können es nicht peilen,
drum geh' ich heim und nehm' den Weg, den steilen
und muss was Schreckliches mitteilen:

Ich kann nicht bei dir verweilen!

Dass es in diesem „Gedicht" schrecklich holpert und knirscht, bleibt nicht verborgen. Wenn man nur auf den Reim achtet, kommt man rasch ins Schlingern. Dennoch bleiben wir beim Reim (genauer gesagt Binnenreim), bevor es um andere Eigenheiten wie Rhythmus und Strophen geht.

Aufgabe

Suche möglichst viele Reime auf Nomen, zum Beispiel auf:

Schloss	oder	Wetter
Dach		Ziege
Haus		Papier

Natürlich gibt es auch hier Hilfsmittel, die das Finden erleichtern. Es gibt Reimlexika im Internet oder im Buchladen, beispielsweise von WILLY STEPUTAT (1997).

Aber die Schülerinnen und Schüler sollten zuerst selbst nachdenken, bevor sie Hilfe beanspruchen. So machen sie interessante Entdeckungen.

- Auf „Schloss" reimt sich „Boss", „Ross", „Geschoss".
  – Hier taucht ein zweisilbiges Wort auf, das auf der zweiten Silbe betont wird.
- Auf „Dach" reimt sich „Krach", „Fach", „Schmach".
  – Hier gibt es einen Unterschied: Ein langes „a" reimt sich nicht so gut auf ein kurzes.
- Auf „Haus" reimt sich „Schmaus", „Laus", „Klaus", „Saus" und „Braus".
  – Ziemlich langweilig.
- Was ist mit „Wetter"? Darauf reimt sich „Retter", „Letter", „Vetter".
  – Hier wird das Reimwort auf der ersten Silbe betont. Schon ist der Unterschied zwischen „männlichen" und „weiblichen" Reimen entdeckt.
- „Ziege" übergehen wir und landen beim „Papier". Reimt sich „Getier" auf „Papier"? Hört sich das gut an?
  – Eher nicht.

Aufgabe der Lehrerin, des Lehrers ist es also, die Entdeckungen der Schülerinnen und Schüler zu ordnen und zu erklären.

Aufgabe

Suche Adjektive, die sich auf andere Adjektive reimen. Zum Beispiel auf:

schön	freundlich
bunt	munter
doof	rot

„Schön"? – Sehr schwierig! „Bunt" ist einfacher: Darauf reimen sich „gesund" und „rund". „Freundlich" scheint sich überhaupt nicht zu eignen, während „rot" sofort an „tot" denken lässt.

Schließlich bieten sich noch die Verben als Wortart an:

● machen
● verteilen
● drehen
● laufen
● schenken
● arbeiten …

Bei manchen Verben wird sofort losgereimt, andere – wie das dreisilbige „arbeiten" – bleiben ungereimt.

So werden Wörter und Wortarten auf ihre „Reimfähigkeit" untersucht. Es gibt Wörter, in denen eine latente Fülle von Reimwörtern wie Echos stecken, andere scheinen spröde und stumm.

Nach diesen Fingerübungen und dann immer wieder werden Gedichte ausgewählt und gelesen. Durch die eigene, wenn auch gewiss laienhafte und sporadische Textproduktion, nehmen die Schülerinnen und Schüler die „großen Gedichte" von BRECHT, CLAUDIUS, KÄSTNER oder RINGELNATZ anders wahr: „Wie hat diese Autorin, der Autor das Problem mit dem Reim gelöst? Wie kommt der fließende Rhythmus zustande? Wie funktionieren die Bilder und Vergleiche?" So könnten dann Fragen lauten, die sich die poetischen Amateure stellen.

Dass es einen steigenden und einen fallenden Rhythmus gibt, dass Jamben und Trochäen als wichtigste Versmaße gelten, sollte nicht unterschlagen werden.

Besonders wichtig sind auch Übungen mit lyrischen Bildern, mit Vergleichen, Metaphern und Symbolen. Eines der wichtigsten Wörter in poetischen Texten lautet „wie". Mit diesem Wörtchen werden Vergleiche hergestellt, und so lässt sich alles mit allem verbinden. Aber man kann auch kräftig danebenliegen. Wenn man sagt: „Das letzte Abendlicht leuchtete wie ein viel zu heller Scheinwerfer ...", dann stimmt irgendetwas nicht. Dann ist das Bild gebrochen.

Aufgabe

Bilde „Wie-Vergleiche" nach dem Muster: Die Welle schlug *wie* eine Löwentatze auf den am Strand liegenden Mann.

- Das Mädchen ist schnell wie ...

- Der Saft ist so süß wie ...

- Der Abend breitete sich wie ... über das Land.

- Der Nebel lag wie ein ... auf den Wiesen.

Aufgabe

Von wem stammt:
Du bist wie eine Blume, so hold und schön und rein?

Dabei handelt es sich um einen der bekanntesten Vergleiche in der Geschichte der Lyrik. Er stammt von HEINRICH HEINE.

4. Strophen, Typen, Sonderformen

Jetzt folgt ein Wechsel von den Schreibaufgaben zur poetischen Sammel-tätigkeit.

Aufgaben

▌ Finde heraus, was eine Büttenrede ist. Was passiert mit dem Reim, wie sind die einzelnen Verse aufgebaut?

▌ Schreibe anschließend eine Büttenrede.

Diese Übungen passen besonders gut in die Faschings- bzw. Karnevalszeit. Manche Schülerinnen und Schüler reden nicht gerne darüber, dass sie in einem Karnevals- oder Faschingsverein sind. Vielleicht sind aber prakti-zierende Nachwuchsbüttenredner in der Schule, die als Experten in den Unterricht eingeladen werden können. Hilfreich ist auch das Buch von Roswitha Rudzinski „Die Büttenredner-Fibel" (2002). Eine Uraufführung der Büttenreden in der Klasse oder vor der Schulöffentlichkeit ist sehr vor-teilhaft.

Aufgaben

▌ Wie ist ein Limerick aufgebaut? Woher stammt das Wort?

▌ Stelle eine Auswahl von Limericks zusammen, die dir besonders gut ge-fallen.

▌ Schreibe ein paar Limericks, zum Beispiel über deine Freundinnen und Freunde oder die Mitschülerinnen und Mitschüler.

Aufgaben

▌ Was ist ein Haiku? Wo kommt diese Gedichtform her?

▌ Gibt es in deiner Nähe einen Haiku-Club?

▌ Versuche, ein paar Haikus zu schreiben und achte auf die strengen Vor-gaben.

In Frankfurt am Main zum Beispiel existiert ein Haiku-Club, mit dem man sehr leicht Kontakt aufnehmen und sich über diese Gedichtform unterhal-ten kann. Informationen liefert auch das Buch von Masaji Suzuki „Erste Haiku-Schritte. Eine Fibel" (1986).

 **Aufgabe**

Was ist ein *Poetry-Slam*? Finde es im Internet heraus. Recherchiere auch, ob es in deiner Nähe solche Veranstaltungen gibt. Der Besuch lohnt sich für alle poetisch Interessierten.

 **Aufgabe**

Versuche einmal, ein bisschen zu rappen. Vielleicht kennst du jemanden, der dich musikalisch dabei unterstützt.

Interessante Bücher zum Thema „Rappen" haben KREKOW (1999) und BUHMANN (2001) geschrieben. Sie können als Hilfe herangezogen werden.

Diese poetischen Formen oder auch andere (vgl. KNÖRRICH 1992) sollen stets rezeptiv und produktiv angeeignet werden. Wenn es nicht möglich ist, die gefundenen oder selbst verfassten Texte im Unterricht laut vorzutragen, müssen andere Möglichkeiten für die Rezitation gefunden werden.

Aufgabe

Stelle (vielleicht gemeinsam mit einer Freundin, einem Freund) deine eigenen Gedichte, Songs und poetischen Texte zusammen, vermische sie mit deinen Lieblingsgedichten anderer Autorinnen und Autoren und mache daraus ein Heft oder Buch. Dann könntest du Freunde, Bekannte, Verwandte oder Lehrer bitten, dir die fremden Texte auf den Rekorder zu sprechen. Deine eigenen Texte liest du selbst. Wenn du die Texte auf CD-ROM oder einen anderen Tonträger kopierst, entsteht dein erstes poetisches Hörbuch.

In der Gelnhäuser Schreibwerkstatt haben wir mit der Erstellung von Hörbüchern sehr gute Erfahrungen gemacht. Ein modernes kleines Aufnahmegerät kann man leicht besorgen, es sollte eigentlich zur Ausstattung der Schule gehören.

Wo möglich, sollte man auch mit einem Radiosender Kontakt aufnehmen. Es werden dort immer gute und gut gesprochene Texte von Kindern und Jugendlichen gesucht. Jede sinnvolle Veröffentlichung verleiht den jungen Autorinnen und Autoren einen kräftigen Schub. Auch sollte unbedingt der Kontakt zu Zeitungen und Zeitschriften hergestellt werden. „Benebelt von der Dummheit der Himbeere" war der Frankfurter Rundschau eine Überschrift wert. In letzter Zeit begegnet man vermehrt einer großen Bereitschaft, den Begabungen von Kindern und Jugendlichen Gehör und Podien zu verschaffen.

5. Unsinnspoesie/Lügendichtung/verkehrte Welt

 Aufgabe

Schreibe einen Text über die verkehrte Welt. Nach dem Muster von „Dunkel war's ..." oder nach eigenen Wünschen und Vorstellungen darüber, was verkehrt ist in der Welt.

Dunkel war's, der Mond schien helle

Dunkel war's, der Mond schien helle,
Schnee lag auf der grünen Flur,
Als ein Wagen blitzeschnelle
Langsam um die Ecke fuhr.
Drinnen saßen stehend Leute,
Schweigend ins Gespräch vertieft,
Als ein totgeschoss'ner Hase
Auf der Sandbank Schlittschuh' lief.
Drinnen saß ein holder Jüngling,
Schwarzgelockt mit blondem Haar,
Neben ihm ne alte Schachtel,
Zählte kaum ein halbes Jahr,
In der Hand nen Butterwecke,
Der mit Schmalz bestrichen war.

Unbekannter Verfasser (aus: DENCKER 1995)

Das folgende Lügengedicht stammt von einem dreizehnjährigen Jungen, dessen Vater allerdings Psychologe war:

 Beispiel

Lügendichtung

Zwei Fischlein saßen im Hühnerstall
Und machten dort einen Mordskrawall!
Denn sie fingen an zu bellen,
und der Schellfisch begann zu schellen.

Der Hofhund hatte die Pfeife im Mund
Die Schweine wogen schon dreitausend Pfund.
Der Wagen fuhr rückwärts zur Tür hinaus,
da lachten die Mäuse den Kater aus.

Die Hausfrau fiel ins Tintenfass rein
Und brach dabei ihr linkes Bein.
Der Gockel wedelte mit dem Schwanz,
die Besen hopsten den Sambatanz.

Das Hähnchen legte ein Spiegelei,
zur nächsten Mahlzeit bist du dabei.
Der Hengst ertrank im Fingerhut,
die Schnecke starb vor lauter Wut.

Jetzt hör' ich auf mit diesen Lügen,
weil sich bereits die Balken biegen.

(aus: LIEDE 1992)

 **Aufgabe**

Schreibe ein Lügengedicht und denke daran, dass es sich auch mit der Wahrheit lügen lässt. Du kannst die Form frei wählen.

Moritz schrieb:

Am Morgen steh um fünf ich auf,
beginne meinen Tageslauf
mit Bio und mit Mathe.
Dann trink ich eine Latte
aus reinem Apfelsaft.
Und wenn dieses ist geschafft
putz ich Flur und Keller.
Putze immer schneller
bis die ganze Wohnung glänzt.
Die Schule hab ich nie geschwänzt,
denn ich liebe sie so sehr
als wenn es meine Freundin wär'.

Johanna lügt auch nicht schlecht:

Ich bin dreizehn Jahre alt,
und mein Vater schafft im Wald.
Meine Mutter hat es gut,
weil sie meistens gar nichts tut.
Meine Schwester, die brüllt laut,
wenn sie mich wieder verhaut.
Und mein süßer kleiner Bruder
ist das allergrößte Luder.

Wenn ich groß bin, werd' ich Lehrer
oder aber Straßenfeger.
Mein Gedicht ist superklasse,
und ich wohne auf der Straße.

Schließlich noch der Lügenbeitrag von Lea:

Lügen haben kurze Beine,
ich hab tausend Euro-Scheine.
Du hast leider einen Knall,
und das stimmt auf jeden Fall.

6. Lautpoesie

Eine sehr beliebte poetische Variante ist die Lautpoesie.

Aufgabe

Schreibe ein Gespräch zwischen Mutter, Vater und Kind in einer von dir erfundenen Sprache auf.

So hört sich das bei Melanie an:

Mutter zu Sohn:	„Elizalo miokanim quantum!"
Sohn zu Mutter:	„Nali biasolaken!"
Mutter zu Sohn:	„Kut!"
Vater zu Mutter:	„Lusimu fiklum ... nijl?"
Sohn zu Vater:	„Munl krizniak osnu ..."
Vater zu Sohn:	„Klamz miosilaka zchokat?"
Sohn zu Vater:	„Iclava ... Sumiti krapi mocko ... siclu!"
Vater zu Sohn:	„Hos! Hosami! Mzil ..."
Mutter zu Vater:	„Xik!"
Vater zu Mutter:	„Yui! Cucli ma suklpo!"
Mutter zu Vater:	„Krurks ..."
Vater zu Mutter:	„Sa!"
Sohn zu beiden:	„Kquilm ... Chslokm ... Vis ..."
Mutter zu Sohn:	„Vis kro ..."
Vater zu Sohn:	„Vis! Phlms ..."

Melanie lieferte die folgende Erklärung zu ihrem Text: Zuerst streiten sich Mutter und Sohn, da er etwas ausgefressen hat. Der Vater versucht, schlichtend einzugreifen, wird allerdings dann noch wütender als die Mutter auf den Sohn. Daraufhin versucht die Mutter zu schlichten, was dazu führt, dass sie sich mit dem Vater streitet. Dem Sohn wird es irgendwann zu viel und er geht schlafen.

Es folgt das lautpoetische Familiengespräch von Susanne:

Kind:	„Huka, muschka bunk Vuschki."
Mutter:	„Huka, Schuschki."
Vater (sehr laut!):	„Wascha! Binki! Lunko! Soschma?"
Kind:	„Oschkus mynki soluskus jugd."
Mutter:	„Mondileos!"
Vater (sehr laut!):	„Wischi waschi jugd!"
Kind:	„Daal, Muschka, Daal Vuschki."
Mutter:	„Ekel iskus fuschki!"
Vater (sehr laut!):	„Okalagus."
Kind:	„Wandelius tortelius essigius?"
Mutter:	„Spinelli, bunk Tititolius."
Kind:	„Mg, Migulosch Ekel."

Lautpoetische Manifestationen eignen sich in vielen Formen. Sie sind zwar bedeutungslos, nicht aber sinnlos. Denn das freie Spiel mit erfundenen Lauten kann ein Gefühl für die Bausteine der Poesie schaffen, für Klänge und Rhythmen, für die Musik der Sprache. Darüber hinaus entsprechen die erfundenen Wörter dem starken Bedürfnis nach Geheimsprachen, nach einer Kommunikation, die von den Erwachsenen nicht beherrscht wird. Die Schülerinnen und Schüler sind manchmal mühelos in der Lage, ihre unaussprechlichen Gefühle und Gedanken in lautpoetischen Gebilden auszudrücken.

Aufgabe

Schreibe folgende Texte in einer von dir erfundenen Geheimsprache:

- einen Brief an einen Freund

- ein Gedicht

- eine Rede, in der du auch polemisch werden darfst

- eine kurze Geschichte

Der freie Vortrag lautpoetischer Texte im Unterricht macht allen Beteiligten viel Spaß. Manche Schülerinnen und Schüler, die sonst niemals laut und deutlich sprechen, beginnen fröhlich zu deklamieren.

7. Spielformen der Poesie

Beim Schreiben von Schüttelreimen ist man so lange auf Zufallsfunde angewiesen, bis man Regeln entdeckt. Man muss Wörter suchen, die durch Auswechseln des Anfangsbuchstabens zu neuen Wörtern umgebildet werden können.

Nehmen wir z. B. „Sonne". Dann geht man das Alphabet durch und kommt zu „T-onne" und „W-onne". Das Wort eignet sich also zum Schütteln. Aus „Sonnental" wird „Tonnensaal", aus „Sonnenweite" wird „Wonnenseite" usw.

 Aufgabe

Suche nach Schüttelreimen, die etwas mit Schifffahrt oder Booten zu tun haben.

„Boot" eignet sich sehr gut (Jod, Lot, Not, rot, tot ...).
Die von den Schülerinnen und Schülern gefundenen Lösungen konnten nicht unbedingt überzeugen, hörten sich aber gut an:

Im Rennboot wurde Benn rot.

Weil man im Schiff nach Wein gestunken,
hat der Kapitän mit einem Stein gewunken.

Er saß an seiner Ruderpinne,
der Schweiß bildete eine Puderrinne.

Zum Schluss meldete der Tierbote:
„Es gab zu viele Biertote."

Manchmal wirken auch Schüttelreime anregend, wie z. B. das Schüttelgedicht eines Herrn SUTERMEISTER, der von 1832 bis 1901 lebte:

 Beispiel

Tor, wer sein Herz in Winterfelle hüllt,
Wenn schon des Frühlings letzte Hülle fällt,
Die Erde kaum des Segens Fülle hält
Und Tag und Leben sich mit Helle füllt.

Bei diesem Gedicht bietet sich ein Querverweis an: „Tor" gehört zu den ungebräuchlichen Wörtern (vgl. Untergegangene Wörter, S. 14), vielleicht kennt eine Schülerin/ein Schüler noch das Adjektiv „töricht".

Durch Versuch und Irrtum können etliche Schüttelreime gefunden werden, man muss nur eine gewisse Vertauschungslust verspüren.

Also beispielsweise:

- sagenhaft/Hagensaft (eine ausgesprochen seltene Saftsorte)
- Es nahet nun der Morgen sich/und unsre Lehrer sorgen mich.
- Schluss jetzt mit dem stillen Weigern/wir sollen unsren Willen steigern.
- Ach Peter, lass das Nagen sein/deine Eltern sagen nein.

 Aufgabe

Finde jede Menge Schüttelreime durch ständige Versuche und verbinde sie zu einem Schütteltext.

Die Frage an die Eltern etc. nach Schüttelreimen ist in den meisten Fällen erfolgreich. Und oft hört man dann „Schattenriss/Rattenschiss", aber den kannten wir schon.

Ein **Schneeball** ist eine Art Figurengedicht, das wie folgt funktioniert:

 Beispiel

O
da
war
dann
Mamas
Bruder
Manfred
gekommen.
Grausam
machte
jener
sehr
bös
bu.
O

Zugegeben, das ist ein besonders dummer Schneeball. Er entstand in der Schreibwerkstatt und schmolz schon nach wenigen Minuten. Das Prinzip dürfte aber erkennbar sein. Es müssen unbedingt besser haltbare Schnee-bälle produziert werden.

 Aufgabe

Gib dir viel Mühe beim Herstellen eines Schneeballs, bei dem die Wörter von oben nach unten bis zur Mitte jeweils um einen Buchstaben länger werden. Von der Mitte an werden sie entsprechend kürzer.

Figurengedichte sind eine schöne Mischform aus Zeichnen und Schreiben. Zur Illustration finden sich auf dieser und der nächsten Seite ein Beispiel aus der Gelnhäuser Schreibwerkstatt sowie ein historisches Werk.

Typographisch=poetischer Neujahrwunsch des
Erzählers.
Ein Reimspiel von Dr. Ferd. Aug. Oldenburg.

Ein neues Jahr
Beginnt die Bahn,
Da sieht man Viele nahn,
Mit Küssen; doch ob's wahr,
Ob es nur so vor dem Gesicht,
Das weis man eben nicht;
Kurzum sie gratuliren
Und demonstriren
Im Manövriren
U. peroriren
Auf Vieren
Tief gebückt;
Scheinbar entzückt
Und wünschen, daß glückliche, fröhliche Zeiten
Der Himmel dem Herrn wie der Frau mög' bereiten,
Das ist so die Sitte, so will's der Welt Brauch,
So machten's schon die Väter, d'rum thun wir es auch;

Doch still   nicht zu haftig, wir wünschen   vor allen,
Nicht ganz   in den Topf mit der Menge   zu fallen,
Denn in   der Person des Erzählers   erglüht,
Ein gar   zu subtiles, poet'sches   Gemüth,
Er strebt   wie er kann, mit dem Bessern   zu gehn,
Im Ruhm   der Erkenntniß nicht unten   zu stehn,
Er mag   seine After = Gelehrsamkeit   heucheln,
Er will   nur durch heitre Geselligkeit   schmeicheln
Was Neu   es erscheinet, er bringt es   zu Tisch,
Ist's heute   ein Braten, so morgen   ein Fisch,
Kurzum   er wünscht   Allen
Auf's   Beste zu ge-   fallen.
Das ist   sein heisses, sein eifriges   Streben,
Deshalb   will er wirken und deshalb nur   leben.
Am heut   gen Tage, wo ein neues Jahr   beginnt,
Ein altes   wieder in der Zeiten ew'ge Fluth   verrinnt,
Er i's   dem Erzähler auch erlaubt, daß er sich er-   plicirt,
Ja in   Figura felbst sich höflichst präsen-   tirt.
Hier   seht Ihr ihn, freundliche Leserin-   nen
Um   deren Gunst absonderlich zu min-   nen
Er sich   erlaubt. — weil er doch nun ein   Mann
Und   Männern es gebührt, daß das Weib nicht   kann.
In der Gestalt   als Schriftenpoesie
Saht hübsche Da-   men ihr ihn nie;
So seht ihn jetzt,   denn einmal nur
Betritt er sicht-   bar diese Flur,
Und wird, mögt   ihr auch weinen,
Gewiß niemehr   also erscheinen.
Doch einmal   angelangt,
Ob auch der   Gatte zankt,
Bräutigam   zur Braut
Voll Miß-   trann schaut
Er stellt sich   verwegen
Den Dräuen   den entgegen
Küßt Schönen   Aug u. Mund,
Ruft: heut ist   ja Neujahr,
Seid stets u.   bleibt gesund,
Glücklich wie   Krösus war,
U. lebt den   Erzähler;
Es ist ehr-   lich Blut
Meint   es gut
Wird das Ve-   so bringen
Prosa sprechen,   Reime singen,
Und wenn er für je-   den Gusto kann wählen,
So wird Eure Gunst   ihm auch nicht fehlen.

Typographisch-poetischer Neujahrswunsch aus dem Jahr 1845

Bevor man **Anagramme** untersucht, sollte eine Vorübung durchgeführt werden.

 Aufgabe

Anagramme für Anfänger: Die Reihenfolge der Buchstaben ist durcheinander geraten. Erkenne das gesuchte Wort.

- Schinmawasche
- Mocterpu
- Sscrhurkebi
- Strandleicher
- Tuoa

Lösung: Waschmaschine, Computer, Schreibkurs, Landstreicher, Auto

---

Wenn solche oder ähnliche Wörter erkannt wurden, was nicht schwierig ist, dann wagt man sich an Anagramme.

 Aufgabe

- Versuche, ein Anagramm deines vollständigen Namens zu finden. Sollte dir das auch nach längerem Experimentieren nicht gelingen, hilft dir das Internet weiter. Dort gibt es mehrere Anagrammprogramme.

- Du könntest deine Klasse mit einer Liste von Anagrammen aller Schülerinnen und Schüler überraschen.

 Aufgabe

Suche nach Wörtern, die in den folgenden Wörtern versteckt sind. Dabei müssen alle Buchstaben untergebracht werden. Also zum Beispiel:

In „Tier" steckt „reit" ; in „Lager" steckt „Regal"; in „Rot" „Tor" und in „Universität" „Niveaustreit".

Anagramme können auch Palindrome bzw. Krebse sein. Dann kann man sie sowohl von rechts als auch von links lesen, wobei die Bedeutung wechseln kann. Das „Reittier" ist ein Beispiel.

 Aufgabe

Stelle eine Liste von Palindromwörtern zusammen, so wie:

Anna	Lagerregal
Ehe	Lidokorkkrokodil (seltene Tierart)
Uhu	Reitesel (Dieses Wesen verwandelt sich in
Rentner	ein Wappentier der Lektüre.)

Aufgabe

Finde die in diesem kurzen und ziemlich merkwürdigen Text versteckten Palindrome:

Meine Amme hieß Emma.
Meine Lage war mir stets egal, bis ich ein Teebeet anlegte und Otto mein Retter wurde, der seine Neffen bat, mir zu helfen.
Den Tee stapelte ich auf einem speziellen Lagerregal bis ich schließlich Rentner wurde.
Dann war ich tot.

Weitere interessante Palindrome finden sich in „Oh Cello voll Echo" von HERBERT PFEIFFER (1992).

Kleine Aufgabe zwischendurch

Welche Wörter (auch aus anderen Sprachen) verstecken sich in:

- Wein? – ein, in, nie ...
- Tisch? – ich, sich ...
- Decke? – Ecke, Eck, Deck ...
- Bierglas? – Glas, las, Gas ...

Beim letzten Wort geht es nach Zeit und um die Wette. Wer in fünf Minuten die meisten Bestandteile gefunden hat, bekommt ... ein Überraschungsei! Das Wort heißt „Eisenbahn".

Patricia hat 20 versteckte Wörter gefunden. Unter anderen:

 Beispiel

Ei, Eis, Eisen, Bahn, nie, Biene, Sahne, Bann, Bein, nein, nah, Base

Frage: Wer oder was ist eine Base? So lernen die Schülerinnen und Schüler neue Wörter kennen. „Bann" kennt auch nicht jede oder jeder.

Eines Tages lag auf dem Tisch des Schreibwerkstattleiters ein Gedicht von Michelle. Es sollte am Anfang des selbst gemachten Buches stehen, in dem die Texte der Schreibwerkstatt versammelt wurden.

Die Schreibwerkstatt

Am Anfang war ein leeres Blatt,
doch bald darauf war es schon voll.
Das fand Herr B. dann gut und toll!

So ging es mit sehr viel Papier,
und es entstand dann dieses hier:
Wir schreiben Gedichte,
eine spannende Geschichte.
Beim Vortrag von den Dialogen
Gewaltig auch die Fetzen flogen.
Trotz ernster Arbeit, schwerer Sachen
verging uns nimmermehr das Lachen.
Man konnte tolle Schreibideen
im Kopf fast schon entstehen sehn.
Bei solch guten Autorenhaufen
muss man sich fast die Haare raufen.
Doch immer war es intressant,
was wirklich nicht nur ich so fand.
Das kann man in dem Buch erkennen,
wer's nicht kann, der soll weiterpennen.
Und die, die selbst zu schreiben wissen,
die wollen unser Buch nicht missen.
Jetzt fangt mal an herumzuschmökern,
vielleicht kann man das Buch verhökern.

Weitere Anregungen, Beispiele und Ermutigungen finden sich in dem Buch „Lyrik nervt" von Hans MAGNUS ENZENSBERGER (2004).

8. Lipogramm und Monovokalismus

Zwischen Poesie und Prosa ist eine besonders beliebte Form des Umgangs mit Vokalen angesiedelt: Beim „Lipogramm" muss man ohne einen bestimmten Vokal, zum Beispiel ohne „e" auskommen, beim „Monovokalismus" hingegen muss man sich auf einen einzigen Vokal, z. B. das „a", beschränken.

Übungen mit diesen beiden Formen sind besonders dazu geeignet, den Sprachspeicher unter Strom zu setzen und ihn mit hoher Konzentration nach Wörtern zu durchsuchen, die die genannten Kriterien erfüllen.

Sven fand folgende A-Wörter:

Als Frank nach acht kam, sah man Frank an, dass Krach am Start war. Ja, Krach, Zank. Frank trank. Trank am Anfang, trank dann Schnaps, Ananasschnaps. Ach Frank, was trank man da am Damm? Man dankt Anna, da Anna Frank dann am Hals packt, zwackt, dass Frank wankt.

Alexander spielte alle Vokale durch:

A: *Ah, das war Aal. Alf aß Aal, das war ja was, ahhhh!*
E: *Edes Enten meckern, bellen Edes Enten? Neee!*
I: *Isst Irmi im Imbiss? Nie. Im Imbiss stinkt's.*
O: *Ob Otto, so groß, so hohl, so doof wohl Opl wollt?*
U: *Tun uns Uhus gut? Nur Uhus tun uns gut! Und Kuckus? Uhhh!*

Aufgabe

Sammle Wörter mit nur einem Vokal und bastle daraus Sätze.

Der französische Schriftsteller GEORGES PEREC (viermal „e") hat es vorge-
macht. Er schrieb einen ganzen Roman ohne „e", der auch auf Deutsch er-
schienen ist: „Anton Voyls Fortgang", übersetzt von EUGEN HELMLÉ (ebenfalls viermal „e").

Aufgabe

Schreibe einen Text mit Wörtern ohne „e".

9. Listen schreiben

Listen verbinden den Ordnungssinn mit der Aufforderung, möglichst viele
Punkte, Beispiele, Merkmale, Differenzen zu finden und zu benennen.

Aufgaben

▸ Stelle eine Liste sämtlicher Werkzeuge zusammen, die ihr zu Hause habt.
Differenziere dabei möglichst genau und erkundige dich nach den korrek-
ten Bezeichnungen.

▸ Welche Küchengeräte gibt es in eurem Haushalt?

▸ Welche Haustiere gibt es in Deutschland?

Larissa schrieb eine Liste darüber, was sie „gut" und was sie „doof" findet:

Ich finde es gut, dass es Pferde gibt.
Ich finde es gut, dass es Hasen gibt.
Ich finde es doof, dass es Räuber gibt.
Ich finde es doof, dass es Vulkane gibt.
Ich finde es gut, dass es Witze gibt.

Ich finde es gut, dass es die Schule gibt.
Ich finde es gut, dass es Meerschweinchen gibt.
Ich finde es doof, dass es Waldbrände gibt.
Ich finde es gut, dass es Bäume gibt.
Ich finde es doof, dass es Mücken gibt.
Ich finde es gut, dass es Blumen gibt.
Ich finde es gut, dass es Freundinnen gibt.
Ich finde es gut, dass es Flugzeuge gibt.
Ich finde es doof, dass es Fliegen gibt.
Ich finde es gut, dass es Häuser gibt.
Ich finde es gut, dass es Autos gibt.
Ich finde es gut, dass es Zahnbürsten gibt.
Ich finde es gut, dass es auch Zahncreme gibt.
Ich finde es gut, dass es Bücher gibt.
Ich finde es gut, dass es Eis gibt.
Ich finde es gut, dass es Hunde gibt.
Ich finde es gut, dass es Katzen gibt.
Ich finde es gut, dass es Delfine gibt.
Ich finde es gut, dass es Wale gibt.
Ich finde es gut, dass es Tiere gibt.
Ich finde es gut, dass es Ostern gibt.
Ich finde es gut, dass es Fasching gibt.
Ich finde es doof, dass es Haie gibt.
Ich finde es doof, dass es Krokodile gibt.
Ich finde es doof, dass es Erdbeben gibt.
Ich finde es gut, dass es Geschenke gibt.
Ich finde es gut, dass es Menschen gibt.
Ich finde es gut, dass es mich gibt.

Solche Listen mögen simpel und vielleicht langweilig erscheinen. Sie sind es aber nicht. Denn sie produzieren Überraschungen, ähneln einer Litanei und bringen manchmal auf dadaistische Weise Dinge zusammen, die sonst nie Nachbarn wären. Durch das redundante Gerüst der Wiederholung traut sich die Verfasserin der „gut/doof-Liste" am Ende, sich selbst gut zu finden.

III. Wörter suchen, Wörter finden

1. Synonyme

Ein Synonymwörterbuch gehört zum Handwerkszeug jedes Schreibprofis. Gut zu gebrauchen ist Band 3 des kleinen DUDENS.

 Beispiel

Dort steht unter dem Stichwort „sprechen":
reden, schwadronieren, plappern, palavern (ugs.) parlieren, plaudern.

Das ist ein schöner Anfang für eine Übung.

 Aufgabe

Finde 50 Synonyme zu „sprechen". Auch Dialektwörter und umgangssprachliche Bildungen sind erlaubt. Lasse dir bei der Suche Zeit, frage ein bisschen herum.

Folgende 51 Wörter wurden gefunden:

reden, brüllen, tuscheln, babbeln, kreischen, labern, fragen, schreien, quatschen, antworten, schwatzen, rufen, flüstern, trällern, unterhalten, erwidern, maulen, spotten, plappern, quasseln, murmeln, sagen, meckern, lallen, bischbeln, motzen, meinen, quengeln, quaken, plaudern, anvertrauen, grummeln, tratschen, lispeln, stottern, tönen, nölen, kommunizieren, verständigen, gaggern, toben, klatschen, erzählen, mauscheln, lästern, brabbeln, nuscheln, kieksen, klönen, schnacken, diskutieren

 Aufgabe

Verwende aus deiner Synonymliste zehn Wörter und ordne sie Menschen und Situationen zu.

 **Beispiele**

🔹 Der besoffene Mann lallte: „Bring misch nahause, bis doch n' Kumpel."

🔹 Als Rainer wieder einmal herummotzte und seinen Bruder anbrüllte, sagte Onkel Ernst: „Du bist laut, sogar lautstark, aber nicht stark. Wer brüllt, ist nur zu schwach zum Reden." „Laber nicht rum!", brüllte Rainer.

Bei dieser Gelegenheit bietet es sich an, auf die lautmalerische Qualität einiger Redeverben hinzuweisen. Manche Verben versuchen offenbar, das spezifische Redegeräusch nachzuahmen. Auf diese Möglichkeit der Sprache (Onomatopoesie = Lautmalerei) sollte man beim Schreiben nicht verzichten. Über „sprechende Wörter", deren bloße Laute schon etwas mitteilen, kann man zum „sinnlichen Schreiben", siehe nächster Punkt, gelangen.

2. Mit allen Sinnen schreiben

Zunächst startet man mit Wortfeldübungen zu „hören" und „sehen".

 Aufgabe

Schreibe alle Wörter auf, die etwas mit „hören" und „sehen" zu tun haben.

Beispiele:
🔹 Hörbar, Hörgerät, hinhören ...
🔹 Sehtest, kurzsichtig, übersehen ...

Ordne die gefundenen Wörter nach Wortarten.

 Aufgabe

Mache dich auf die Suche nach Synonymen für „sehen" und „hören".

Beispiele:
🔹 erblicken, schauen, gucken ...
🔹 lauschen, vernehmen, horchen ...

Genau hinsehen, hinhören, anfühlen und Unterschiede wahrnehmen: Die Ausdifferenzierung der Wörter und die Verfeinerung der Wahrnehmung bedingen sich gegenseitig. Bei unserer Wortsammlung, die Tilmann protokollierte, kam Folgendes heraus:

Beispiele

Was machen:

▶ *Vögel? – Sie:*
watscheln, flattern, tapsen, trommeln, morsen, zilpen, jubilieren, zirpen, schmettern, klagen, krähen, gackern (sind Gänse auch Vögel?), tirilieren, schreien (zum Beispiel der Schreiadler), krächzen, piepsen, singen, trällern, klopfen, piepen, schnattern, kreischen.

▶ *Autos? – Sie:*
brummen, dröhnen, rumpeln, rattern, knattern, hupen, lärmen, quietschen (die Reifen), rauschen, krachen.

▶ *Kinder? – Sie:*
schreien, kreischen, sprechen, diskutieren, quengeln rum, sind schrecklich laut, plappern, rufen, lachen, reden, weinen, trampeln, flennen, wimmern, quatschen, plantschen, motzen, tapsen, rennen.

▶ *Sängerinnen und Sänger? – Sie:*
singen, schreien, gleiten über die Melodie, übertönen alles mit schrillem Geschrei, brüllen, jodeln, rappen, hauchen, artikulieren, tragen vor, bringen zu Gehör (bitte nicht!).

▶ *Flugzeuge? – Sie:*
brummen, dröhnen, zischen, grollen, donnern, knallen, surren, sirren, knattern, lärmen ohrenbetäubend.

▶ *Reifen? – Sie:*
quietschen, rumpeln, rutschen, rattern, rollen, zischen, qualmen.

▶ *Gewehre? – Sie:*
knallen, schießen, ballern, bellen, knattern, rattern, tackern.

▶ *Steine? – Sie:*
rollen, klatschen, klackern, klopfen, prasseln, rieseln, knirschen.

▶ *Gewitter? – Es:*
grollt, donnert, knallt, zischt.

▶ *Schweine? – Sie:*
grunzen, quieken, quietschen, schreien, schnaufen, schmatzen.

Besonders ergiebig sind hier gründliche Wortdiskussionen. Stimmen die Verben im Einzelfall? Worin liegen die feinen Unterschiede? Fehlen Verben?

Aufgabe

Finde „Sinneswörter" zu folgenden Nomen:

Wald	Regen
Wasser	Haustür
Kuhstall	Papier
Katzenfell	Sonne
Sand	

Selbstverständlich sind hier nicht nur akustische Verben gefragt. Es geht auch um visuelle Adjektive: Die Sonne scheint hell. – Das ist langweilig. Besonders Vergleiche sind interessant: Der Regen trommelte auf das Blechdach wie ...? Ebenso wollen Eindrücke, Erinnerungen und Feststellungen sprachlich festgehalten werden. Wichtig ist in jedem Fall, eine ganz besondere sinnlich wahrnehmbare Variante auszudrücken.

 Aufgabe

Gehe 300 Schritte in eine Richtung und bleibe dann stehen. Versuche, alle Geräusche, Gerüche und Gefühle (Kälte, Wärme, Wind, Regen) aufzunehmen. Schreibe diese Wahrnehmungen auf.

Wenn die Schülerinnen und Schüler dieses Wahrnehmungs-Schreibspiel an mehreren Plätzen praktizieren, kann daraus eine interessante „Landkarte" entstehen.

In einer Schreibwerkstatt haben wir einmal lautmalerische Wörter gesucht, die das Wasser nachahmen. Hier ist die Liste mit den Fundstücken:

 Beispiel

plätschern	schütteln
rauschen	Strudel
prasseln	wogen
rieseln	wallen
waschen	Gulli
spritzen	platschen
schäumen	plodere
flutschen	chrötze (Schweizerisch)
plantschen	chosle (Schweizerisch)
dümpeln	götzsche (Schweizerisch)
saften	fiserle
zischen	tröpfeln

klatschen   *schlifere (Schweizerisch)*
Spumante (Italienisch)   *pläddern*
Frizzantino (Italienisch)   *sumpfen*

Bei solchen Wörterlisten schleichen sich immer auch Fehler ein, z. B. Wörter, die nicht lautmalerisch sind. Aber die Annäherung an Wassergeräusche ist unverkennbar. Wasser eignet sich für onomatopoetische Übungen besonders gut.

 Aufgabe

Schreibe zu den Wörtern „Sonne" und „Sand" kleine Extremgeschichten, in denen möglichst viele Varianten vorkommen. Extrem, weil die Geschichten nicht realistisch sein sollen, sondern äußerst reich an Möglichkeiten. Man könnte auch sagen Übertreibungen.

Beispiel

Sie gingen in La Bella am Strand spazieren. Der feuchte, grobkörnige Sand knirschte unter ihren Schuhen. Die feuerrote Sonne knallte gnadenlos vom Himmel wie eine unendlich starke Heizung und die Erde wurde knochentrocken. Jetzt rieselte der feinkörnige Sand in ihre Schuhe. Petra schrie auf: „Der Sand zerkratzt meine Füße wie scharfe Messerchen. Ich gehe keinen Schritt weiter ..."

Bei solchen Übertreibungen wird rasch klar, wie unangemessen manche Vergleiche und Adjektive sind. Durch mutwillige Fehler wird man sensibel. Man achtet dann bei der Lektüre öfter einmal auf die Fehler der anderen.

Fazit: Das „Schreiben mit allen Sinnen" ist wünschenswert und schwierig, aber es macht auch Spaß. Wenn ein Verb, ein Adjektiv „sitzt", dann hört man den Sand, riecht das Gewitter, sieht den Nebel. Dies demonstriert auch der Text von Teresa auf der folgenden Seite.

100 Meter weg

Ich ging 100 Meter in eine Richtung. Gehört habe ich das Zwitschern von Vögeln. Ich roch kalte Luft. Neben mir standen alte Müllsäcke. Ich legte mein Heft an einen alten Baum, sonst konnte ich nicht schreiben. Ich sah Bäume, Schlamm, Gras, Nebel und Disteln. Ich hörte auch andere Kinder. Von weit oben sah ich unten auf dem Weg einen Hund mit seinem Herrchen. Den Matsch hatten die Wildschweine abends aufgewühlt, so waren unsere Schuhe ganz dreckig. Ein paar Meter weiter oben lag ein Baum quer über der Erde. Ein Baum weiter lag auch ein Ast quer. Weiter oben war Wald. Ich sah Hasen und ein Wildschwein. Ein Stück weiter hinten lagen alte Zaunlatten.

Aufgabe

Besorge dir im Malergeschäft eine Farbkarte und schreibe kurze Farbge-
schichten, in denen du möglichst viele Farbtöne unterbringst.

Bei unserem Experiment gab es folgende Resultate:

Beispiel

Henri suchte die folgenden Farben aus:

Acrylblau	Zitronengelb
Schwarzblau	Orangebraun
Feuerrot	Kaminrot
Ockergelb	Mittelgrün
Eisblau	Giftgrün

Er bat Svenja, die Farben in einem Text unterzubringen. Daraus wurde:

Ich weiß nicht genau, was Acrylblau ist, aber meine Mutter weiß es, weil sie
Malerin ist. Schwarzblau ist der Himmel im Sommer um zehn Uhr abends.
Feuerrot leuchten unsere Lilien am Springbrunnen und ockergelb sind manche Häuser zum Beispiel in Italien. Eisblau könnte das Eis sein, wenn sich der
Himmel drin spiegelt. Ich habe ein Buch über die Antarktis. Dort gibt es eis-
blaue Berge und Gletscher. Zitronengelb sind Zitronen, aber das ist nicht ori-
ginell. In unserem Haus ist überhaupt nichts zitronengelb! Orangebraun stell
ich mir warm vor und gemütlich. Das Kaminfeuer im Winter an einigen Stellen oder sogar der Himmel, wenn die Sonne untergeht. Mit Kaminrot kann ich
nichts anfangen. Ich überlasse es meiner Mutter. Mittelgrün ist doch wohl die
allerlangweiligste Farbe von der Welt. Ich kenne einen giftgrünen Frosch, der
so ähnlich aussieht wie Henri.

Aufgabe

Beschreibe die Farben der Gegenstände, die du in diesem Augenblick an diesem Ort um dich herum siehst. (Also zum Beispiel zu Hause in deinem Zimmer, in dem du die Hausaufgaben zu erledigen pflegst.) Finde möglichst viele unterschiedliche Farbtöne und arbeite mit Vergleichen, z. B.: Der Schrank ist
braun wie Kastanien, die noch glänzen. Benutze eine Farbkarte.

Aufgabe

Zeige deinen Eltern, Freunden und Bekannten einen roten Gegenstand. Bitte
jede/jeden, den genauen Farbton für dieses Rot zu nennen, z. B. Rubinrot. Du
wirst dein blaues Wunder erleben.

3. Begriffe finden

Aufgabe

Ergänze den fehlenden Begriff oder Oberbegriff:

- Die Römer waren ein ...
- Wasser ist eine ...
- Eine Tasse und ein Glas sind ...
- Menschen und Affen sind ...
- Bücher sind ...
- Gedichte sind ...
- Autos und Snowboards sind ...
- Schülerinnen und Schüler sind ...
- Milch und Zitronensaft sind ...
- Luft und Lachgas sind ...
- Ein Hammer und Schmirgelpapier sind ...
- Frikadelle und Salzkartoffeln sind ...
- Rasierschaum und Schlagsahne sind ...

Solche Übungen, die je nach Schwierigkeitsgrad formuliert werden können, können auch nach Zeit bearbeitet werden. Es geht darum, den fehlenden Begriff blitzschnell zu finden. Die dabei stets auftretenden Fehler geben Anlass zu interessanten Diskussionen.

- Sind Luft und Knallgas Gase?
- Was ist überhaupt ein Gas?

Hier wird deutlich, dass das Schreiben literarischer oder halbliterarischer Texte nie nur eine Frage des Stils ist. Über etwas zu schreiben heißt, es kennen zu lernen. Je differenzierter solche Wortfindungsübungen ausfallen, desto genauer wird gelesen. Wenn Texte über ihre Gegenstände hinweghuschen, ohne sich auf sie einzulassen, sind sie oberflächlich. – Genau das sollen sie nicht sein.

4. Falsche Wörter, schlechtes Deutsch

Hier helfen die alltäglichen Beispiele aus Zeitungen, Gebrauchsanweisungen, Werbezetteln etc. Es geht nicht darum, „überheblich" oder besserwisserisch überall Fehler zu finden, sondern Texte aufmerksam zu lesen und Gründe für die Fehler zu benennen.

🔍 Aufgaben

Versuche, die folgenden Fragen zu beantworten:

▶ Warum gibt es in Tageszeitungen so viele Druckfehler (Satzfehler)?

▶ Warum sind Gebrauchsanweisungen manchmal so unverständlich?

▶ Warum kann man die Beipackzettel zu Arzneien oft nicht verstehen?

▶ Warum sind die deutschen Übersetzungen in internationalen Reiseführern oft so witzig?

🔍 Aufgaben

▶ Finde fünf Fehler in der heutigen Ausgabe einer Tageszeitung.

▶ Suche drei besonders unverständliche Gebrauchsanweisungen und verbessere sie.

▶ Suche die schönsten Beispiele von fehlerhaften Übersetzungen in Reiseführern oder Reiseprospekten.

▶ Nimm den Beipackzettel einer Arznei und unterstreiche alles, was du nicht verstehst.

Ein Buch, das hier gewiss weiterhelfen kann, heißt „Sag es treffender!" (WEBER [43]2002).

5. Floskeln, Show und schwache Wörter

Ständig entstehen neue Wörter, Begriffe und Abkürzungen, z. B. weil die bezeichneten Dinge neu entwickelt wurden: SMS, MP3, Clip, online banking ... Oder es setzen sich neue Adjektive für etwas durch, was früher einmal „knorke", „schau" oder einfach „fantastisch" war. Das alles wird heute „cool" genannt oder „super cool". „Geil" scheint schon wieder out zu sein. Niemand wird an der Jugendsprache, an Szene-Wörtern oder EDV-Begriffen herummeckern. Häufig benutzen die Lehrerinnen und Lehrer nach ein oder zwei Jahren die Spezialbegriffe ihrer Schülerinnen und Schüler selbst. Das also ist nicht gemeint. Wohl aber kann an der sinnlosen Häufung von plakativen Adjektiven, an dem Gebrauch unverstandener Anglizismen, dem Angeben mit Fremdwörtern, die nicht passen oder an der gespreizten Verwendung einer übertriebenen Werbesprache gearbeitet werden. „Krass", das sollte wie „cool" nicht immer und überall vorkommen, weil sonst der Eindruck entsteht, die Adjektive seien ausgegangen. Floskeln, Füllwörter und Wortmüll finden sich überall.

● Was heißt eigentlich „bein-halten"? Es heißt „be-inhalten" und ist ein schreckliches Wort.

● Wo ist „im Vorfeld"? Weiter vorn natürlich (stammt aus der Militärsprache). Es soll aber „vorher" heißen.

● Wie „denkt" man ein Problem „an"? Ist es das Gegenteil von „ausdenken"? Heißt es „aus dieser Einsicht heraus" oder einfach „aus dieser Einsicht"?

Man muss immer abwägen zwischen der lebendigen Produktivität der Sprache mit ihren Neologismen und allen möglichen Neubildungen auf der einen Seite und der sprachlichen Pfuscherei, den Fehlern, sinnlosen Floskeln, blassen Bildungen auf der anderen.

Es empfiehlt sich, in der Klasse, in der Schreibwerkstatt, im Unterricht mit einzelnen Schülerinnen und Schülern eine „schwarze Liste" zu führen. Dort werden Wörter, Floskeln und Fehler gesammelt, die nicht in einen Text gehören. Dabei sollten die Schülerinnen und Schüler die Initiative in der Hand behalten. Die Lehrer haben aber Vorschlagsrecht.

 Beispiel

Hier ein paar Kandidaten für die schwarze Liste:

▷ „andenken", „abklären"

▷ „beinhalten": ist immer das Einfachste. Das Verb erspart die Mühe, die Beziehung einer Sache zur anderen genauer zu bestimmen.

▷ „durchführen", in verschärfter Form: „zur Durchführung bringen". Bei dieser Gelegenheit kann ganz allgemein vor Substantivierungen gewarnt werden. Wer „durchführt", ist zu faul zu entscheiden, ob etwas gemacht, getan, realisiert, vollendet, verwirklicht oder herbeigeführt wird.

▷ „erstellen": Eine Datei wird übrigens nicht „erstellt", sondern zum Beispiel „eingerichtet".

▷ Es „erfolgt" auch nichts, sondern es „folgt".

▷ „frühzeitig": besteht aus „früh" und „zeitig". Das ist so doppelt gemoppelt wie „neu renoviert" oder der „Holzwald".

▷ „gezielt": kann man gezielt vermeiden.

▷ „insbesondere" … benutzen Schülerinnen und Schüler manchmal, wenn sie Eindruck machen wollen. „Besonders", „vor allem" ist aber besser und einfacher.

▶ „Letzterer, Letztere, Letzteres" ... ist genauso falsch gesteigert wie „der meistgesuchteste Verbrecher" oder „die bedeutendste Sportlerin". Steigerungsfehler sind überhaupt außerordentlich beliebt. Es sind die optimalsten, maximalsten, verbreitetsten und extremsten Fehler.

▶ „notwendigerweise" ... findet man oft in amtlichen Schriftstücken. Damit sollte man gar nicht erst anfangen.

▶ „optimal" ... ist der Superlativ von lateinisch „bonus". Wird aber oft mit „maximal" verwechselt oder mit „hervorragend". Da nicht mehr so viel Latein gelernt wird, nehmen auch die diesbezüglichen Fehler ab. Das ist erfreulich, aber „diesbezüglich" ist auch so ein totes Wort.

Hier endet unsere Liste, die vielleicht gar nicht typisch für die Fehler und Floskeln der vierzehnjährigen Schülerinnen und Schüler ist. Das Anlegen einer schwarzen Liste aber halte ich für gut und richtig. Sie lässt sich auch spielerisch mit kleinen Strafen und Bußübungen verbinden. Das Geld in der Falschwortkasse kann in die Klassenbibliothek fließen und zur Anschaffung von Büchern verwendet werden.

✎ Aufgaben

▶ Richte eine schwarze Liste mit alphabetischem Register ein. Die ersten Eintragungen kannst du vielleicht mit deinen eigenen Füllwörtern bestreiten. Dann folgen diejenigen deiner Freunde und Verwandten. Eine Befragung kann auch sehr hilfreich sein: „Welche Floskeln, Modewörter, Anglizismen kennen Sie, auf die man gut verzichten könnte?"

▶ Nimm dir eine Seite aus der Bravo, eurer Tageszeitung oder einer anderen Zeitschrift gründlich vor und streiche alle Wörter oder Sätze an, die du nicht richtig findest oder die nicht gut formuliert sind.

▶ Schreibe einen Text, der nur so wimmelt von Schlagwörtern, Floskeln, falschen Steigerungen, fehlendem Dativ (Schnitzel mit Pilze) usw. Hier darfst du dich einmal richtig austoben.

6. Fremdwörter

Sie sind in dieser Altersstufe kein evidentes Problem. Vielleicht aber bei der Lehrerin oder dem Lehrer oder beim Autor dieses Buches oder hätten Sie „evidentes Problem" geschrieben? Fremdwörtern begegnen die Schülerinnen und Schüler meist bei der Lektüre. An viele werden sie sich gewöhnen müssen, manche sind überflüssig und werden falsch verwendet.

🔍 Aufgaben

▶ Sammle Fremdwörter. Suche in der heutigen Ausgabe einer Tageszeitung nach Fremdwörtern, die du nicht oder nur ein bisschen verstehst.

▶ Lege eine Liste mit Fremdwörtern an, die dir begegnen.

▶ Kläre die Bedeutung und Herkunft folgender Fremdwörter:

Struktur	Diskette
System	Enlarger
Emanzipation	Chanson
Logik	Bibliothek
Prozessor	Champagner
Expander	Camembert
Floppy	

▶ Benutze dabei neue Fremdwörterbücher und kläre den Unterschied zwischen Fremdwörtern, Lehnwörtern etc.

IV. Schreibspiele

1. Stilübungen

Ein unübertreffliches Vorbild für eine besondere Form von Stilübungen ist das Buch von RAYMOND QUENEAU „Stilübungen" (1990).

An einem Basistext („Angaben") wird die hohe Schule der stilistischen Vielfalt vorgeführt. In 99 Variationen – darunter „metaphorisch, Anagramme, Lautmalereien, schwülstig, vulgär, javanisch, gastronomisch, bayrisch" – wird der ziemlich triviale Sachverhalt, der im Basistext mitgeteilt wird, durchgespielt.

In einer Schreibwerkstatt kamen die Teilnehmerinnen und Teilnehmer zu folgenden Resultaten:

 Beispiel

Urtext

Der Koch im Jugendzentrum war ein freundlicher Mann.

Er kochte mit großer Liebe und verstand sein Fach. Umso mehr war er verärgert, als ein Student aus Frankfurt eines Abends ohne ersichtlichen Grund in die Suppe spuckte.

Der Koch überlegte nicht lange und schüttete dem Studenten ein Glas Wasser ins Gesicht.

Jugendsprache

Der Macker in der Röhre vom Bildungsschuppen war ne dufte Bürste. Der fuhr ne heiße Pfanne, ma logisch. Einen Abend rotzte son Klugscheißer aus Frankfurt in'n Brei.

Da tickt der Alte aber glatt aus und schiebt ihm ne Kelle Wasser ins Profil.

HANAUER Kreisanzeiger – Heimatumschau

Verlieren die Verantwortlichen Kontrolle über Jugendzentrum?

Ronneburg (eig. Ber.) Zu einem peinlichen Zwischenfall kam es gestern im umstrittenen Jugendzentrum Ronneburg.

Bei der abendlichen Essensausgabe provozierte ein Student der Universität Frankfurt den seit 5 Jahren im Jugendzentrum beschäftigten Koch Arnfried S. Dieser wird allseitig als zuverlässiger und tüchtiger Vertreter seines Metiers geschätzt. Nur zu verständlich war seine empörte Reaktion auf den befremdlichen Versuch jenes Studenten, sein Gericht ungenießbar zu machen. Einmal mehr stellt sich die Frage, wie lange die Verantwortlichen bereit sind, derartigen sich in letzter Zeit häufenden Vorfällen tatenlos zuzusehen.

Der Koch

In dem Zentrum war ein Koch
freundlich, hilfreich, aber doch
machte ihn ein Rüpel an,
ein durchaus erregter Mann.

Eines Abends war er platt.
Ein Student aus Frankfurt hat
in die Suppe reingespuckt.
Und dabei noch frech geguckt.

Dieses war dem Koch zu viel:
„Das ist Ernst und nicht mehr Spiel!"
Nimmt ein Wasserglas zur Hand,
kippt's dem Typen in den Rand.

Leserbrief

Liebe Frau Irene!

Bei unserem letzten Aufenthalt in einem Jugendzentrum in der Nähe von Frankfurt kam es zu einem Zwischenfall, der meinen Mann und mich in großer Verwirrung zurückließ.

Wir hatten gerade unser Mittagessen eingenommen, als wir auf einen jungen Mann, gekleidet wie ein Student, aufmerksam wurden, der auf den Koch zuging, ihm in die Suppe spuckte, worauf dieser ihm ein Glas Wasser ins Gesicht schüttete.

Wie Sie sich vielleicht vorstellen können, waren mein Mann und ich von diesem Vorfall außerordentlich peinlich berührt, und wir verließen fluchtartig den Raum.

Zu Hause angekommen, zogen wir sofort unser Nachschlagebuch „Wie sag' ich's einem Koch?" zu Rate und fanden unterm Stichwort „In die Suppe spucken" erleichtert den Hinweis, dass es sich hierbei um eine derbe mittelalterliche Tischsitte handle, die im Zuge der Zivilisation endgültig überwunden wurde.

Allerdings fanden wir weiter unten dann diese kleine Anmerkung, die uns bedeutete, dass ein allzu starres Befolgen dieser Regeln von wenig Souveränität zeuge, ebenso wie die Tischsitten sich im Laufe der Zeit verändern könnten, wobei Ungleichzeitigkeiten zwischen den einzelnen Landstrichen oft auftreten könnten.

Mein Mann und ich wären Ihnen sehr dankbar, Frau Irene, könnten Sie uns behilflich sein, zu klären, ob es sich bei dem „In-die-Suppe-spucken" um eine typisch atavistische Sitte handelt, die nur noch für den Raum Frankfurt Gültigkeit hat und wir einen unverzeihlichen Fauxpas begingen und den Koch womöglich beleidigten, indem wir ihm nicht zum Dank in die Suppe spuckten.

Tischgespräch

„Son Typ soll dem Koch eben in die Suppe gespuckt ham."
„Was?"
„Wieso das denn?"
„In die Suppe? Iii, und wir essen das Zeug jetzt!"
„Hör auf, mir wird gleich schlecht."
„Der muss doch 'n Grund haben."
„Weiß ich doch nich. Hat nur einer von den Kasselern erzählt."
„Wer denn?"
„Der da."
„Und wer war der Typ, der gerotzt hat?"
„Das is so einer von den Frankfurter Typen."
„Die haben sowieso ne Macke mit ihrem wissenschaftlichen Geschwafel."
„Hab schon mal gehört, wie die sich unterhalten, da kriegste n' Horror."
„Und was hat der Koch gesagt?"
„Weiß ich nich!"
„Aber dem sieht man das gar nich an, dass ihm so einer in die Suppe gespuckt hat!"
„Und schmecken tut man's auch nicht!"

Märchen

Es war einmal ein König, der lebte auf einer Burg inmitten von tiefen Wäldern. Das ganze Jahr über lebte er dort mit seiner Tochter und seinen Dienern. Unter ihnen war ein Koch, mit Namen Arnfried, der die Speisen so vorzüglich zu bereiten wusste, dass alle dachten, er wäre der beste Koch der ganzen Welt. Isabell war ihm besonders zugetan.

Eines Tages klopfte ein hässlicher Gnom an das Burgtor. Er behauptete, besser kochen zu können als jeder andere. Da dem Vater des schönen Mädchens nichts über gutes Essen ging, befahl er einen Wettbewerb zwischen den Köchen.

Sie kochten sieben Tage und sieben Nächte. Und als die Tafel im großen Saal gedeckt war, konnte der König sich nicht entscheiden, wer der beste sei. Darum rief er Isabell. „Mein gutes Kind", sprach der König, „wähle du die besten Speisen aus. Der sie gekocht hat, soll dich zur Frau nehmen."

Isabell war verzweifelt, denn wie sollte sie die Speisen des geliebten Arnfried erkennen? Da entdeckte sie inmitten der herrlichen Gerichte einen Topf mit passierter Bohnensuppe, wie nur Arnfried sie zuzubereiten wusste.

Als der Gnom sah, für welche Suppe sich Isabell entschied, spuckte er heimlich in die Suppe. Doch der König hatte dies gesehen, sprang erbost auf und ließ den Gnom ergreifen und ihn von den Zinnen der Burg in den Graben werfen. Arnfried und Isabell heirateten noch am selben Tag, und wenn sie nicht gestorben sind, leben sie noch heute glücklich und zufrieden auf der Burg Ronneburg.

Eine Einstiegsübung könnte folgendermaßen aussehen: Den Schülerinnen und Schülern liegt eine erfundene Meldung vor, z. B.:

„In der vergangenen Nacht wurden einige Fahrzeuge auf dem Parkplatz vor dem Bildungszentrum Gelnhausen aufgebrochen. Es wurden Radios, Wertsachen und etliche Gegenstände entwendet."

Aufgabe

Verwandle diese Meldung wie folgt:

- in einen Bericht der Bildzeitung oder
- in ein Gespräch zweier besorgter Nachbarinnen oder
- in einen Dialog unter Schülerinnen und/oder Schülern oder
- in eine Ansprache des Bürgermeisters oder
- in eine etwas längere Reportage der Heimatzeitung.

Isabel, Kathleen und Amelie schrieben im Stil der Bildzeitung:

Gestern Nacht vor dem Wartturm 1 in Gelnhausen.
Schon wieder alle Autos aufgeknackt! Alle Wertsachen weg! Die Bürger sind aufgebracht. Wo war die Polizei? Die Wache ist gleich nebenan. Sie hat geschlafen wie viel zu oft. Wer war es? Wird man es klären? Wer weiß? Es passiert immer wieder, aber immer noch keine Spur!

Magdalena und Michelle schrieben ebenfalls in der Manier der Bildzeitung:

> Gelnhausen: Zum wiederholten Mal versetzt eine Bande von Autoknackern die sonst so ruhige Kleinstadt Gelnhausen in Angst und Schrecken. Am Morgen des 6. Juni standen Ute S. und Karl-Heinz P. so wie viele andere fassungslos vor ihren Autos. Radios, Wertsachen, alles weg. Dazu Karl-Heinz P.: „Früher hätte es so etwas nicht gegeben, da herrschten noch Zucht und Ordnung. Heutzutage kann man nicht mal mehr sein Auto im Freien stehen lassen."
> „Skandal!", wetterte auch der Bürgermeister und kündigte verschärfte Kontrollen an. Doch bis die Polizei endlich eingreift, müssen unbescholtene Gelnhäuser weiter um ihre Sicherheit fürchten.

Solche Stilübungen zeigen, dass die Schülerinnen und Schüler über latentes Wissen verfügen, in dem Stilarten, Schreibweisen und Ausdrucksweisen erstaunlich genau gespeichert sind. Es kommt immer wieder darauf an, Lektüren und Wahrnehmung, Rezeption und Gedächtnis mit produktiven Äußerungsformen zu verknüpfen. Lesen und Schreiben gehören zusammen, sie können sich gegenseitig stärken und stützen.

2. Autobiographisches Schreiben

Das Tagebuch scheint auf dem Rückzug. Andere Vorformen des autobiographischen Schreibens sind an seine Stelle getreten. Eine SMS, eine E-Mail oder ein Anruf auf dem Handy informieren über die eigene Befindlichkeit und haben eine neue Kommunikationsdichte geschaffen, deren Konsequenzen noch nicht abzusehen sind. Voreilige Kritik, diese Art von Kommunikation sei oberflächlich und genormt, greift jedenfalls zu kurz und wiederholt die Klagen nach der Erfindung des Telefons oder anlässlich der „Briefsucht" in den Zeiten der Empfindsamkeit.

Dennoch ist es ratsam, auf ältere Formen und Methoden des autobiographischen Schreibens zurückzugreifen, weil dadurch andere Facetten von Subjektivität und Selbstbewusstsein aktiviert werden können. Ein Beispiel dafür ist der „Brief an mich selbst".

 Aufgabe

Schreibe einen Brief an dich selbst und erzähle dir von den wichtigen Erlebnissen und Ereignissen der letzten Zeit.

Die Fiktion macht Spaß, wenn der Brief auch tatsächlich an die eigene Anschrift adressiert und geschickt wird.

Ein anderer spielerischer Zugang heißt „Episodenwunsch" und funktioniert so:

 **Aufgabe**

Deine Nachbarin/dein Nachbar in der Klasse, die Lehrerin/der Lehrer oder jemand anderes bittet dich, drei Episoden aus deinem Leben in der Form von Überschriften auf einen Zettel zu schreiben. Diesen Zettel gibst du der Nachbarin/dem Nachbarn etc., die oder der dann eine Episode auswählt. Über diese ausgewählte Episode aus deinem Leben möchte sie/er gern mehr erfahren. Du machst dich also ans Werk und schreibst ihr/ihm einen Brief, in dem du das Gewünschte ausführlich erzählst.

Dein Episodenangebot könnte z. B. so aussehen:
1. Als ich in den Ferien an der Nordsee mit dem Boot gekentert bin.
2. Als mein Vater 7000 Euro im Lotto gewonnen hat.
3. Als ich einmal mit Blaulicht ins Krankenhaus gefahren wurde.

Folgendes antwortete Hendrik seiner „Auftraggeberin", einer Lehrerin:

Liebe Frau Sauerwein,

Sie möchten gerne wissen, was geschah, als mein Vater im vorigen Jahr 7000 Euro im Lotto gewonnen hat. Meine ausführliche Antwort bekommen Sie erst in einer Woche, weil ich noch mit meinem Vater und meiner Mutter darüber reden möchte. Bitte gedulden Sie sich so lange.

Mit vielen Grüßen

Hendrik

Nach einer Woche folgte dann ein sehr amüsanter, persönlicher Bericht. Hendrik hatte sich von dem Geld viel mehr versprochen. Er bekam aber immerhin ein neues Fahrrad und dachte, es ginge jetzt so weiter mit den Lotto-Gewinnen. Es gab auch Tränen, weil die Schwester mit einer Freundin ins Disneyland bei Paris fahren durfte, während Hendrik mit seinem neuen Fahrrad im Dorf blieb.

Solche spielerischen Angebote können dabei helfen, persönliche Erfahrungen zu artikulieren. Dass sie gewünscht werden, ist das Geheimnis, weil auf diese Weise die eigene Erfahrung mit dem Interesse einer oder eines anderen verbunden wird.

In der Schreibwerkstatt hatte sich ein vertrauensvolles Klima entwickelt. Das ging so weit, dass Anna auf Wunsch von Svenja von ihrem ersten Kuss berichtete. Die Regel aber waren Berichte über Beinbrüche, wichtige Verluste von Gameboys oder Teddybären bzw. der Tod des geliebten Haustiers.

3. Klassenkorrespondenzen

Im Zeitalter von E-Mail und Internet sollte es nicht schwer fallen, eine oder mehrere Korrespondenzklassen irgendwo auf der Welt zu finden. Aber auch E-Mail-Freundschaften bilden sich. Die Lehrerin, der Lehrer kann bei der Vermittlung helfen. Interessant ist das Netz der deutschen Schulen im Ausland; später eröffnet die Beherrschung der englischen Sprache alle Möglichkeiten der Kommunikation. Informationen aus persönlichen E-Mail-Korrespondenzen können im Einzelfall an die Klasse weitergegeben werden.

 Aufgaben

Nimm mit Hilfe deiner Lehrerin, deines Lehrers E-Mail-Kontakt mit einer etwa gleichaltrigen Schülerin, einem Schüler in einer deutschen Schule in einem fernen Land auf.

Wenn du dann von dir und deinem Leben erzählst (schreibst) und Antwort bekommst, könntest du vielleicht auch dabei helfen, anderen Schülerinnen und Schülern Kontakte zu vermitteln.

4. Zufallstexte

Zufallstexte wurden schon im Gedicht-Kapitel vorgestellt. Sie eignen sich aber auch für viele andere Schreibweisen und Textsorten.

Den Akt der Wortfindung kann man so zelebrieren, dass der Zufall regelrecht gefeiert wird.

Man deute blind auf eine Stelle in einem Roman. Das gefundene Wort wird auf einen Zettel geschrieben. Mit großer Geste werden nun die Zettel gemischt, um dann von einer Wörterfee gezogen zu werden. Jetzt steht die Reihenfolge fest, und das Schreiben kann beginnen.

Bei einer von vielen Gelegenheiten wurden folgende Wörter serviert:

 Beispiel

Schraube   drei
Bildschirm   Fieber
beißen
Platzregen
Zitronengelb

Alexander machte daraus:

> *Der Bildschirm hatte gestern um drei Uhr Schraubenfieber. Als ihn der zitronengelbe Platzregen biss, fiel er kaputt um.*

Lisa Johanna lieferte ein etwas kunstvolleres Textgebilde:

> *Der Platzregen prasselte auf die Fensterscheibe.*
> *Es hörte sich an wie viele Schrauben, die auf die gepflasterte Straße fielen.*
> *Wie eine Melodie.*
> *Doch diese beruhigende Melodie*
> *wurde von dem lauten Geballer des Actionfilms,*
> *der aus den Lautsprechern des Fernsehbildschirms dröhnte, gestört.*
> *Drei Jungen saßen in einem zitronengelben Zimmer.*
> *Nichts Besonderes.*
> *Doch schaute man sich genauer um,*
> *konnte man, in eine Ecke gekauert, ein kleines Mädchen sehen.*
> *Sie saß da, zwischen vielen Grünpflanzen, wie im Fieberwahn.*
> *Sie klapperte mit den Zähnen als wollte sie gleich um sich beißen.*
> *Was war mit ihr los?*

Marcel mag die Konzentration:

> *Einem zitronengelben Wagen, der auf der bildschirmübersäten Straße fuhr, kamen drei, vom Platzregen nasse, fieberkranke Bettler entgegen, die Schrauben die Köpfe abbissen.*

Benedikt hat Probleme mit seinem Nachbarn:

> *Gestern flog bei einem Platzregen eine zitronengelbe Schraube ins Auge unseres Nachbarn. Drei Blutäderchen im Auge platzten, und unser Nachbar bekam Fieber. Wir legten ihn auf das Sofa, und er schaute wie gebannt auf den Bildschirm. In dem Film, den er sah, ging es um einen beißenden Hund.*

Das Spiel mit zufällig gefundenen Wörtern, Sätzen oder auch Bildern, die beschrieben werden, eröffnet die allerschönsten Möglichkeiten. Die Zufallsauswahl führt regelmäßig dazu, dass die Schülerinnen und Schüler von produktiven Schüben Schreibfantasie befallen werden.

Die „fieberkranken Bettler" bei Marcel, „die Schrauben die Köpfe abbissen" machen jedem avantgardistischen Text zwischen Expressionismus und Surrealismus alle Ehre.

Aufgaben

▸ Tippe blind auf Abbildungen in einer Illustrierten oder in einer interessanten Broschüre. Schneide die Bilder in der gefundenen Reihenfolge aus und kombiniere die Bilderauswahl dann mit ebenso zufällig gefunden Sätzen als Bildunterschriften.

▶ Füge einen Text aus Sätzen zusammen, die du mit der Zufallsmethode gefunden hast. Verbinde jeweils zwei dieser Sätze durch einen selbst formulierten Satz. Gib die zufällig gefundenen Sätze einer Mitschülerin, einem Mitschüler und bitte sie/ihn, ebenfalls Zwischensätze zu bilden. Wiederhole diesen Vorgang drei- bis viermal und sammle dann alle Texte ein. Die fertigen, aus Zufall und Eigenanteil entstandenen Texte, werden in der Klasse vorgelesen. Du darfst gespannt sein!

5. Onkel Otto plätschert lustig ...

in der Badewanne, und das ist überhaupt nicht komisch. Das Spiel wird wie folgt verändert:

Man bildet nach dem Onkel-Otto-Muster zehn Sätze. (Dies übt nebenbei das Erkennen von Satzgliedern.)

 Beispiel

Tante Julia schwamm lautlos im Ozean.

Nun hat man also zehn Sätze mit jeweils fünf Satzgliedern. Die zehn Sätze werden mit den zehn ersten Buchstaben des Alphabets markiert. Also von A bis J.

Dann werden die zehn Sätze mit den jeweils fünf Satzgliedern in einer Tabelle aus Buchstaben und Zahlen angeordnet. Also: A 1 2 3 4 5, B 1 2 3 4 5 ... usw. Jetzt kann die Neuzusammensetzung der Sätze beginnen. Jemand nennt eine beliebige Reihenfolge der Satzglieder, zum Beispiel: C1, F2, A3, J4, G5. So entstehen neue Satzkombinationen. Das Spiel kann auch weitaus komplizierter gestaltet werden mit zusätzlichen Satzgliedern, der Einrichtung eines Zufallsgenerators etc.

 Aufgabe

Entwickle nach dem Muster einen Satz mit neun Gliedern, erarbeite eine Tabelle mit dem Computer. Wenn du das nicht kannst, bitte um Hilfe beim Arbeiten mit Excel. Lasse dir erklären, wie ein Zufallsgenerator funktioniert.

Es scheint sinnvoll, immer wieder den Computer ins Spiel zu bringen, da die Schülerinnen und Schüler ohnehin viel Zeit im Internet, mit Computerspielen und beim Herunterladen von Musik etc. verbringen.

6. Verrückte Briefe

Imaginäre Adressaten können das Schreiben von Fantasiebriefen beflügeln. Wir haben zuerst Beschwerdebriefe an den Bürgermeister geschrieben: Über Missstände im Stadtteil, fehlende Schwimmbäder, Bibliotheken und gute Spielplätze. Folgt man diesen Briefen, dann muss der Hundekot das am meisten verbreitete Übel sein. Kaum ein Brief verzichtete auf die Forderung seiner sofortigen Entfernung.

Diese Variante erwies sich jedoch trotzdem als relativ unergiebig. Spannender waren die Briefe an ärgerliche Zeitgenossen, wobei offen bleiben muss, ob sich die Schülerinnen und Schüler nicht nach den vermuteten Maßstäben des Werkstattleiters gerichtet haben. Briefe an die Königin von England, an den Papst, an den lieben Gott, an Popstars oder Sportgrößen waren inhaltsreich und vergnüglich.

Die Übung endete mit dem Verfassen eines Leserbriefes an eine regionale Zeitung. Anlass waren Sparbeschlüsse, die zu Lasten der Bedürfnisse der Schülerinnen und Schüler gingen.

 Aufgabe

Schreibe an die Schulleitung einen Brief oder eine E-Mail mit konkreten Verbesserungsvorschlägen für die Schule, den Pausenhof, das Verhältnis zur Stadt etc. Wenn du daran nicht interessiert bist, dann rege z. B. die Einrichtung einer Schul-Homepage an, die für alle offen ist. Frage die Lehrerin, den Lehrer, ob das möglich ist und ob sie/er vielleicht sogar dabei hilft.

Verbesserungsvorschläge, die aufgegriffen und verwirklicht werden, können prämiert werden.

Auf dieser Homepage könnten alle Bürgerinnen und Bürger des Stadtteils, alle Eltern der Schule ihre Wünsche und Vorschläge äußern. Man kann auch die lokale Zeitung fragen, ob sie das Vorhaben unterstützt, indem sie z. B. die besten Vorschläge veröffentlicht.

V. Reportagen

Vorbemerkung: Unter Reportagen verstehe ich hier nicht die klassisch-journalistische Form, sondern eine breite Palette von unterschiedlichen Vorübungen. Immer jedoch geht es darum, Ausschnitte aus der von den Schülerinnen und Schülern erfahrbaren Wirklichkeit zu erkunden und zu beschreiben. Die Reportageübungen sind eine gute Vorschule für später zu verfassende Praktikumsberichte.

Selten waren die Voraussetzungen so günstig wie zur Zeit. Viele Institutionen – wie zum Beispiel Universitäten – öffnen sich für die Bildungswünsche von Kindern und Jugendlichen.

Die Schülerinnen und Schüler lernen beim Schreiben von Reportagen, wie wichtig Sachkenntnisse, persönliche Erfahrungen, Recherchen und eine sinnliche, lebendige, konkrete Schreibweise sind.

Selbstverständlich arbeiten sie mit Hilfe von Archiven, Bibliotheken, Basisinformationen und dem Internet.

Reportagen sind immer mit erheblichem Aufwand verbunden. Mit Recherchen, Besuchen, Befragungen, mit Hilfsmitteln wie dem Rekorder, dem Fotoapparat etc. Deshalb sollten Reportagen keinesfalls für die Schublade geschrieben werden. Sie können als langfristig zu bearbeitende Hausarbeiten verfasst werden, die in der Klasse vorgetragen und verteilt werden. Gruppenarbeiten sind zu empfehlen.

Unbedingt sollte nach Publikationsmöglichkeiten gesucht werden. Neben der Schülerzeitung bieten sich regionale Tageszeitungen an, die oft gern bereit sind, Schülerreportagen zu drucken, zumal sie honorarfrei sind. Gute, längere Arbeiten interessieren auch den öffentlich-rechtlichen Kinder- und Jugendfunk.

In den meisten Fällen gibt es in jeder Klasse eine Spezialistin oder einen Spezialisten, die oder der über ungeahnte Kenntnisse und Erfahrungen verfügt. Jemand ist Sohn eines Tauchlehrers und schreibt regelmäßig Berichte für eine große überregionale Taucherzeitung. Viele Kinder und Jugendliche verfügen über erstaunliche Pferde-Kenntnisse. Ballett ist nicht selten, aber auch ausgefallene Sportarten wie Kunstradfahren kommen vor. Auch wunderbare Musikinstrumente werden beherrscht. An solchen Kenntnissen kann gut angeknüpft werden.

Beginnen wir mit der Klarinette von Yannik. Er ist dreizehn und spielt das Instrument seit vier Jahren. Seine Mitschülerin Lisa spielt Querflöte. Beide halten diese Tatbestände mehr oder weniger geheim, weil sie fürchten, als Streber, die völlig unmoderne Instrumente spielen, angesehen zu werden.

In der nahe gelegenen Großstadt existiert ein Sinfonieorchester. Yannik und Lisa schreiben eine große Reportage über dieses Orchester. Dafür benötigen sie vielfältige Hilfe. Kontakte müssen hergestellt werden, gelegentlich ist eine Unterrichtsbefreiung notwendig, damit die beiden einen Tag lang an Proben teilnehmen können, mit den Eltern muss man sprechen, ein Rekorder muss beschafft werden etc.

Die Mühe wird aber belohnt. Nach drei Monaten stehen die beiden vor der Klasse und tragen die Ergebnisse ihrer Recherchen und Besuche vor. Musikbeispiele runden das Ganze ab, die Klasse hört gebannt zu. Das Ergebnis liegt in Form eines selbst zusammengetragenen dicken Heftes mit Abbildungen, Noten und einer CD-ROM vor. Für fünf Euro bekommt man eine Kopie. In der Zeitung erscheint eine Kurzfassung der Reportage von Lisa und Yannik über das Sinfonieorchester in Frankfurt am Main.

Reportagen mit jeweils unterschiedlichem Aufwand bieten sich zum Beispiel über folgende Einrichtungen an:

▶ Das Polizeirevier

Unter Umständen dürfen die interessierten Schülerinnen und Schüler sogar einmal im Streifenwagen mitfahren. Die Polizei begreift ihre Unterstützung als Image-Pflege. Es werden ständig Polizeischülerinnen und -schüler gesucht. Voraussetzung ist das Abitur und das Bestehen eines ziemlich schwierigen Eignungstests.

▶ Das Theater

An manchen Schulen arbeiten Schülerinnen und Schüler als Komparsen an der Oper oder am Theater. Vielleicht singen sie sogar im Opernchor. Solche Profis können beim Zustandekommen einer Theaterreportage gewiss helfen. Interessant sind beim Theater auch die Werkstätten, in denen die Kulissen hergestellt werden.

Überall existieren Schutzvorschriften, die unbefugtes Betreten untersagen. Mit Hilfe der Lehrerin, des Lehrers kann eine Besichtigumg vereinbart werden.

Institutionen wie Theater, Opernhäuser, Konzerthäuser etc. sind sehr an Kontakten mit Kindern und Jugendlichen interessiert, weil es schwierig ist, sie als spätere Besucher zu gewinnen. Hilfreich sind fast immer die Abteilungen für Presse- und Öffentlichkeitsarbeit.

▶ Vereine

Eine gute Vereinsreportage bricht Vorurteile auf. Ob Kaninchenzucht, Brieftaubenflug, Feuerwehrjugend oder Karnevalsverein: Immer geht es um Liebe und Leidenschaft für das jeweilige Gebiet, Objekt oder die Tätigkeit. Immer wird geübt, hart trainiert, ehrenamtlich gearbeitet. Das ist Stoff genug für gute Reportagen.

▶ Bahnhof

Hier empfehlen sich die größeren und ganz großen Bahnhöfe. Aus eigener Erfahrung weiß ich, dass jede erdenkliche Hilfe gewährt wird. Unter Anleitung können die Schülerinnen und Schüler die geheimen Bereiche der Bahn und des Bahnhofs erkunden: das Stellwerk, die Stadt unter dem Bahnhof, Lokomotiven und Schalträume.

Interessant ist immer auch die Geschichte eines Bahnhofs. Oft wurden Städte umgebaut oder erweitert und bekamen ein neues Zentrum. Manche Bahnhöfe wachsen noch immer, andere sterben. Vielleicht gibt es in der Klasse einen Vater, eine Mutter, die Züge fotografieren, Modelleisenbahnen lieben oder historische Eisenbahnen pflegen helfen.

Rund um die Bahn existieren viele Spezialzeitschriften, in denen die Reportagen der Schülerinnen und Schüler veröffentlicht werden können.

▶ Flughafen

Flughafenbesuche sind gut organisiert. Auch hier helfen Beziehungen weiter. Manches, das verboten ist, wird gelegentlich erlaubt. Dass der Fluglärm außerordentlich unangenehm ist, wenn man in der Nähe von Flugschneisen wohnt, ist kein Geheimnis. Die Reportage ist die geeignete Form, um Befürworter und Gegner von Erweiterungen zur Sprache kommen zu lassen.

Dass dreizehn- oder vierzehnjährige Schülerinnen und Schüler nicht in der Lage sind, Argumente von Vorurteilen zu unterscheiden, ist ein Vorurteil. Nirgends lernt man besser, mit unterschiedlichen Ansichten und Einsichten umzugehen als dort, wo sie in lebendiger Weise vorkommen. Die Öffnung der Schule für die Realität einer Stadt, einer Region oder eines Landes sollte nicht zum Gegenstand von Ideologien werden. Sie sollte zum Beispiel durch Reportagearbeiten einfach praktiziert werden.

▶ Armut

Da wird es schon schwieriger. „Penner", „Berber", „Wohnsitzlose" lassen sich eventuell nicht gerne von Kindern und Jugendlichen befragen. Über die Lebensweise von Sozialhilfeempfängern, ihre Nöte und Probleme kann aber das Sozialamt informieren. Bei diesem Thema sollte man sensibel und mit Respekt vorgehen. Auch das gehört zu den Bedingungen von Reportagen.

▶ Gemeindeparlament

Einsichten in die wenig spektakuläre Arbeit eines Gemeindeparlaments, eines Kreistages, der Ausschüsse und Sitzungen sind wichtige Bausteine der demokratischen Sozialisation. Hier kann man lernen, wie die Demokratie im Kleinen funktioniert, was mit den Steuergeldern gemacht wird und wie ruhig und professionell in diesem überschaubaren Rahmen gearbeitet wird.

Das sind einige Beispiele. Andere sind das Kaufhaus, die Feuerwehr, das Funkhaus, das Regionalstudio, die Zeitung, ein Taxi-Unternehmen und vieles mehr.

Behutsam und unter kluger Anleitung können auf diese Weise wichtige Institutionen erkundet und beschrieben werden. Immer ist es das Ziel der Reporterinnen und Reporter, anderen Einsichten zu vermitteln, die sie sich selbst erarbeitet haben. Keine schlechte Basis für sinnvolles Schreiben.

Selbstverständlich sollten Schülerinnen und Schüler auch Einblick in Reportage-Lehrbücher haben. Allerdings müssten die Lehrerinnen und Lehrer sich die Mühe machen, einige wichtige handwerkliche Merkmale der Reportage in verständlicher Weise zugänglich zu machen. Ein interessantes Buch zum Thema ist „Die Reportage" von MICHAEL HALLER und BARBARA BÜRER (1997).

VI. Dialoge und Szenen schreiben

Beim Schreiben von Dialogen und kleineren Szenen kann das Sprachverständnis in hohem Maße erweitert werden.
Man muss auf die Sprache hören, wenn man Sprechtexte schreibt. Klang, Rhythmus und Tempo werden wichtig. Deshalb gehört die „Aufführung" immer dazu. Übrigens auch der Beifall. Wenn eine kleine Gruppe oder auch nur eine Schülerin, ein Schüler vor der Klasse einen Dialog, eine Szene „aufführen", sollte immer ein wenig Theater dabei sein. Ein Text will gelesen werden, eine Szene gespielt.

 Aufgabe

Der folgende Satz sollte in einen Dialog verwandelt werden:

Ein Nachbar will den anderen anzeigen, weil sein Hund angeblich ein Kampfhund ist. Sie unterhalten sich über den Gartenzaun hinweg.

Katharina löste die Aufgabe so:

„Ich zeige Sie an!"
„Warum denn?"
„Weil Sie einen Kampfhund züchten!"
„Bad Lucky?"
„Ja, Bad Lucky, Ihr Kampfhund."
„Bad Lucky ist ein unschuldiger, süßer, kleiner Dackel."
„Auch süße Dackel können gefährliche Kampfhunde sein."
„Nein!"
„Und was war gestern? Ihr blöder Dackel hat meine Nichte gebissen, als ich nicht da war, und sie ist jämmerlich verblutet. Ihr Hund ist schuldig und wie!"
„Oh nein, ihre Nichte habe ich selbst getötet, und es hat mir sogar Spaß gemacht."
„Hilfe, ich rufe die Polizei!"
„Warum denn?"
„Weil Sie ein Mörder sind!"
„Echt?"

Wie in diesem Beispiel sind Mord und Totschlag gern verwendete Motive. Schnell eskaliert eine Geschichte, ein Dialog. In einer Art erzählerischem Kurzschluss bleibt das Personal auf der Strecke. Solche „Lösungen" sollten thematisiert werden, in den meisten Fällen tragen sie zur Qualität eines Textes nichts bei.

Alexander schrieb:

„Dieser Hund hat meine beste und teuerste Pflanze umgeknickt!"
„Na und, dann müssen Sie um ihre Superpflanzen eben einen Zaun machen."
„Wieso soll ich meine Pflanzen einsperren? Sie müssen Ihren Monsterhund einsperren."
„Ach, da kommt ja mein kleiner Knuddel. Hast du gut geschlafen, mein Kleiner?"
„Knuddel, was für ein Name. So kann man eine liebes, freundliches Tier nennen, aber keinen mörderischen Kampfhund!"
„Den Kampfhund nehmen Sie sofort zurück! Knuddel ist ein Kuscheltier."
„Wir sehen uns vor Gericht wieder, Herr Nachbar. Dass man neben so was wohnen muss!"
„Ganz meiner Meinung, ich freu mich auf ein Wiedersehen vor Gericht."

Sebastian baute noch eine kleine Raffinesse ein:

„Ich zeig dich an!"
„Versuch's doch, mein Hund ist kein Kampfhund, du alter xxx."
„Wenn du meinst. Ich werde es erschießen, dieses xxx-Vieh."
„Dann musst du mich auch erschießen, du xxx, wer meinem Xiro was tut, der tut mir was!"
„Du bist ein xxx, ein richtiger xxx, ich werd's dir zeigen, du xxx!"
„Jetzt reicht's, auf, Xiro, schnapp ihn dir!"
„Au, verdammt, lass das, du xxx-Köter!"
„Wer hat denn angefangen, das hast du nun davon, du xxx."
„Das wirst du ber ..."

xxx = schlimme Schimpfwörter

Aufgaben

Verwandle folgende Sätze in Dialoge:

▸ Jan ist Fan von Werder Bremen, Sven mag Bayern München. Sie unterhalten sich heftig über die Vorteile der eigenen und die Nachteile der anderen Mannschaft.

▶ Tatjana findet Dieter Bohlen cool. Julia kann ihn nicht leiden. Es geht hin und her.

▶ Du hast ein Problem. Du willst am Wochenende mit dem Bruder deiner Freundin, deines Freundes zu einer Party nach xy fahren und dort über Nacht bei Freunden bleiben. Dein Vater findet das in Ordnung. Deine Mutter überhaupt nicht, weil du einfach noch zu jung bist für solche Unternehmungen und der Bruder deiner Freundin/deines Freundes erst seit sechs Wochen den Führerschein hat. Daraus entwickelt sich ein ziemlich kontroverses Gespräch zu dritt …

Es bietet sich an, die Dialog-Aufgaben an Konflikten und Meinungsunterschieden zu orientieren, die in der Klasse, im Ort, in der Situation … jeweils gerade aktuell sind.

Zu einer Szene gehören Regieanweisungen und Personen, die charakterisiert werden sollten. Vielleicht so:

 Beispiel

Johann Greilinger, ein etwa fünfzigjähriger Mann mit deutlichem Übergewicht und nervösem Zucken um die Augen betritt einen Supermarkt. Er weiß selbst nicht genau, was er einkaufen möchte.
Er schlendert durch den Markt, fasst ein paar Waren an, legt sie wieder hin und schlendert weiter. Das kommt Marc Bachmann, dem Detektiv, verdächtig vor. Er ist schlank und sportlich und bewegt sich gewollt unauffällig. Die Beschattung von Johann Greilinger ist ziemlich komisch, weil Herr Bachmann auf so auffällige Weise unauffällig ist und er sich andauernd verstecken muss, da der nervöse Herr Greilinger sich fortwährend umschaut.
Schließlich passiert es: Die beiden Herren stoßen zusammen, ein Stapel Dosen gerät in Auflösung, die ganze Szene ist sehr peinlich. Vor allem für Herrn Bachmann, dessen Probezeit als Kaufhausdetektiv noch nicht vorbei ist.
Nun stellen sich die beiden Herren gegenseitig vor. Bachmann bittet Greilinger, mit in ein Büro zu kommen und er sagt ihm offen ins Gesicht, dass er ihn für einen Ladendieb hält. Die Szene spitzt sich jetzt zu. Das will sich Herr Greilinger keineswegs gefallen lassen. Kunden und Personal laufen zusammen und freuen sich über die lautstarke Unterhaltung. Schließlich trennt der Marktleiter die beiden und entschuldigt sich bei Herrn Greilinger. Es war Bachmanns letzter Auftritt als Detektiv in diesem Supermarkt.

Im ersten Teil bewegen sich die beiden Hauptfiguren wie in einem Slapstick-Stück pantomimisch. Sie übertreiben ihre Bewegungen, und es wird schon deutlich, dass es zum Zusammenstoß kommt. Im zweiten Teil, der lauten

Auseinandersetzung stellt sich heraus, dass der Detektiv für seinen Job auch sprachlich nicht geeignet ist. Es handelt sich bei ihm um einen vormals arbeitslosen Akademiker, der viel zu höflich für einen Detektiv ist. Herr Greilinger merkt das und spielt seine Unschuld und Überlegenheit voll aus.

Die erste Aufgabe besteht darin, sich Szenen auszudenken und Personen kurz zu charakterisieren. Wenn die Umstände es erlauben, kann die Verfasserin, der Verfasser der Szene in einem zweiten Schritt die Regie übernehmen. Den Dialog von Bachmann und Greilinger kann man improvisieren oder arbeitsteilig schreiben lassen.

 ### Aufgaben

Entwirf folgende Szenen und denke dir die passenden Personen aus, die kurz zu charakterisieren sind:

Im Schwimmbad

In einem Schwimmbad sind alle Liegen vergeben. Zwei sind frei, allerdings durch Handtücher eindeutig als „belegt" gekennzeichnet. Jetzt kommt ein Herr, legt ein Handtuch auf die andere Liege und macht es sich bequem. Wie nicht anders zu erwarten, entsteigen zwei Personen dem Wasser und wollen sich auf den durch Handtücher markierten Liegen ausstrecken. Es entsteht ein Streit.

▶ Charakterisiere die drei Personen.
▶ Lege in einer Regieanweisung fest, wie der Streit geführt wird. Wie treten die Figuren auf? In welchem Ton reden sie miteinander? Endet die kleine Szene versöhnlich oder nicht?
▶ Schreibe schließlich den Text.

Auf der Parkbank

Zwei ältere Herren sitzen auf einer Parkbank. Sie kommentieren die merkwürdigen Vorkommnisse um sich herum. Jogger mit Kopfhörern ...

▶ Bei dieser Aufgabe ist nur sehr wenig vorgegeben. Konstruiere eine Szene und entwirf die Figuren: Wie sehen die Herren aus? Wie reden sie miteinander? Was geschieht um sie herum? Setzt sich jemand zu ihnen?

Krimi in der Nacht ...

Es ist Nacht. Du liegst im Bett. Du bist ganz allein zu Hause. Plötzlich hörst du im Nebenzimmer ein Geräusch ...

▶ Wer ist das? Ein Einbrecher? Kommt er in dein Zimmer? Redest du mit ihm? Oder ist es die Schwester, die überraschend nach Hause kommt?

▶ Schreibe eine kleine Szene. Baue Spannung auf und löse sie dann auf.

▶ Unterscheide zwischen Dialog (mit dem Einbrecher oder der Schwester?) und Monolog, deinen Überlegungen und Ängsten. Eignet sich die Szene für eine „Aufführung" oder wäre sie besser in einer Erzählung aufgehoben?

Bei den Improvisationen und kurzen „Aufführungen" solcher Szenen und Dialoge sollte ein Rekorder benutzt werden. Die Dokumentation theatralischer Übungen auf CD-ROM oder Kassette hat auch den Vorteil, dass man die Tonträger an den Kinder- oder Jugendfunk der jeweiligen Rundfunkanstalt schicken kann. Vielleicht ist es sogar möglich, einen theatralischen Wettbewerb zu initiieren, dessen beste Beiträge dann gesendet werden.

 Aufgabe

Zwischenspiel

Schreibe einen kurzen Text, eine kleine Szene, in der es um Folgendes geht:

Angst	Horror
Furcht	Gewalt
Panik	Glück

Bianka machte daraus:

Tina hatte Angst. Sie hatte Angst vor der Schule. Es könnte ja sein, dass sie heute eine Übungsarbeit schreiben würden.

Aber noch schlimmer war die Tatsache, dass sie heute statt normalem Sport Schwimmunterricht hatten. Und davor fürchtete sich Tina sehr.

Panik aber bekam sie erst, als sie im Bus mit der ganzen Klasse auf der eisglatten Straße zum Schwimmbad fuhren. Der Bus rutschte nämlich ziemlich oft hin und her.

Als der Bus dann vor der Ampel halten sollte, passierte das Unglück: Die Reifen quietschten, die Bremsen kreischten, doch es nützte nichts, der Bus rutschte weiter und weiter über die rote Ampel. Von links krachte dann ein kleines Auto in den Bus.

Tina war wie in Trance. Sie kam erst wieder zu sich, als ein Sanitäter sie mit Gewalt aus dem quer liegenden Bus zog. Doch Tina hatte Glück. Sie war unter den acht Schülern, die unverletzt aus dem Bus kamen.

Alexander schrieb zum Stichwort „Glück":

Als die Schwester ihm das gerade geborene Baby reichte, überschlug es sich in ihm. Es war der schönste Augenblick seines Lebens.

Von diesem Beispiel ausgehend, wurde die Aufgabe präzisiert:

Aufgabe

Schreibe über diese Gefühle, Zustände, Begriffe, ohne die angegebenen Wörter zu benutzen.

Das stellte sich als eine Art Kunstgriff heraus. Glück oder Angst sind im Text nicht unbedingt dann präsent, wenn sie beim Namen genannt werden, sondern wenn die Umstände, Zustände, Geschehnisse so geschildert werden, dass man sie bei der Lektüre stark empfindet.

So können Wörter manchmal verdecken, was sie doch eigentlich sichtbar machen wollen. Daraus ergaben sich folgende Übungen.

Aufgaben

▶ Schreibe einen poetischen Text über den Frühling, ohne das Wort zu benutzen.

▶ Schreibe über den Unterschied von Angst und Furcht, ohne die Wörter zu gebrauchen.

▶ Schreibe über ein Gefühl, ein Ding, eine Tatsache, ohne sie beim Namen zu nennen. Die Leserin/der Leser soll erkennen, worum es geht.

VII. 1001 Geschichten

Unter dem Begriff „Geschichten" werden hier ganz unterschiedliche Textsorten, Gattungen und Schreibweisen zusammengefasst. Der Begriff ist aber nach wie vor positiv besetzt und die Bereitschaft, Geschichten zu schreiben, scheint ungebrochen.

Vielleicht klingt darin die Erinnerung an Geschichten nach, die man als kleines Kind erzählt bekam.

Einige Abenteuer-, Ding-, Fantasy- oder Kriminalgeschichten sollen hier dokumentiert werden.

1. Biografische Geschichten, aber nicht über Menschen

 Aufgabe

Denke dir die Autobiographie eines Teddybären aus.

Marcel schrieb:

> Ich heiße Teddy, der Teddybär, und bin jetzt 90 Jahre alt. Ich sitze immer an derselben Stelle auf dem Dachboden eines Hauses und bin immer traurig. Das war aber nicht immer so. Jetzt erzähle ich euch mein aufregendes, aber auch trauriges Leben.
>
> Es fing weit im Osten an, in einem Land, das man Deutschland nennt. Ich wurde um 1914 in der großen Stadt Nürnberg von einem kleinen Teddybauer gefertigt. Als ich gerade gebaut worden war, ging der Hersteller pleite, und ich wurde mit allen anderen Teddys aus dem Geschäft verkauft.
> Da erwarb mich Karla Hindenburg für ihren Sohn Friedrich. Die Hindenburgs besaßen eine prunkvolle Villa am Rand von Nürnberg. Da ich neu war, spielte Friedrich oft mit mir. Das erzürnte Miko, den alten Hauskater der Hindenburgs.

Eines Tages, die Familie war weggegangen, um Bekannte zu besuchen, passierte das Unglück. Das Hausmädchen hatte an diesem Tag die Fenster aufgemacht, um zu lüften. Miko und ich waren allein im Kinderzimmer. Da nahm Miko mich ins Maul und trug mich auf den Fenstersims. „Oh nein!", dachte ich. „Hoffentlich macht er es nicht!" Aber er tat es und warf mich aus dem Fenster. Ich fiel schreckliche sechs Meter tief und landete auf einem Feldweg, der hinter der Villa entlanglief.

Ich hatte Pech! Ich hatte nicht nur Pech, ich hatte Riesenpech. Riesenteddybärpech! Es hatte nämlich in den letzten Tagen andauernd geregnet, und der Weg war sehr schlammig. Als der Schlamm auf meinem Fell endlich getrocknet war, sah ich genauso aus wie meine Umgebung.

Am nächsten Morgen fand mich so das Hausmädchen der Hindenburgs. Sie wusch mich und setzte mich in ihren Kleiderschrank, damit, wenn sie einmal verheiratet war, ihre Kinder mit mir spielen sollten. Doch es kam ganz anders. Das Hausmädchen fand keinen Mann, bekam keine Kinder und starb einsam und verlassen.

55 Jahre gingen ins Land. Friedrich Hindenburg hatte einen Sohn, der leider im Zweiten Weltkrieg fiel. Weil es keine Erben mehr gab, wurde kurz vor Friedrichs Tod die Villa an einen Immobilienmakler verkauft. Der Makler räumte die Zimmer der Villa leer, weil er daraus Hotelzimmer machen wollte. Alles, was er nicht gebrauchen konnte, räumte er auf den Dachboden.

Darunter war auch ich! Ich würde alles tun, um von diesem Dachboden wieder herunterzukommen, auch wenn ich nur auf einem Flohmarkt landen würde! Alles wäre besser als dieses eintönige Bild hier: Staub, Staub und nochmals Staub! Ob für mich noch einmal bessere Tage kommen werden?

Nina hat sich die folgende Geschichte ausgedacht:

Autobiographie einer Banane

Ich bin Freda, komme aus Afrika und bin an einem riesigen Baum gewachsen. Dort war es wunderschön.

Eines Tages, als ich gerade meiner Mutter und der restlichen Familie gute Nacht gesagt hatte und eingeschlafen war, kam ein Affe. Das wusste ich in diesem Augenblick allerdings noch nicht. Ich merkte es, als ich aufwachte. Der Affe schwang sich durch den Urwald, und ich kam mir vor wie Jane. Dann wurde ich ohnmächtig.

Als ich schließlich wieder erwachte, lag ich ganz allein im Wüstensand. Der Affe hatte es nicht geschafft, mich zu schälen, und so lag ich ungeschält einen Monat lang in der Wüste. Da kam ein riesiger, uralter Orang-Utan und brachte mich zurück in den Urwald. Das Hin und Her ging mir ganz schön auf dir Nerven. Jetzt lag ich wieder tagelang im Urwald.

Doch dann kam ein komischer Mann und brachte mich mit vielen anderen Bananen auf ein großes weißes Schiff. Dort wurde mir dann übel, weil das Schiff so schwankte. Ich musste mich sogar übergeben, obwohl sich das für eine Banane wirklich nicht gehört.

Als wir am Ziel angekommen waren, wurde ich zu den Kolleginnen in eine Kiste gepackt. Als der Deckel geöffnet wurde, fand ich mich in Hessen wieder. Dann fuhr man mich nach Gelnhausen in einen Supermarkt. Dort kaufte mich ein Herr und aß mich auf. Trotzdem war ich froh, dass ich fast zwei Jahre alt wurde und mich kein Affe im Urwald aufgefressen hatte.

Aufgaben

Schreibe die Autobiographie

- einer Muschel,
- eines Taschenmessers,
- eines T-Shirts aus Baumwolle,
- einer uralten Taschenuhr,
- eines Blechschmucks aus Mexiko ...

Die folgende Geschichte schrieb Ann-Kathrin:

Der Stamm des Indianers Lupe stellte bunten Weihnachtsbaumschmuck her. Chucca, der Sohn der Medizinfrau, war auf kleine Blechesel für Touristen spezialisiert.

Bei Tagesanbruch erhitzte er das Metall und stanzte dann einen kleinen Esel aus. Später machte er dann Augen, Nase, Mund, Sattel und Mähne.

Am Nachmittag grundierte Chucca den Esel mit feiner rosa Farbe. Dann malte er den Sattel blau, silber und rot, die Hufe silber und grün, die Mähne gelb, die Augen grün und die Ohren hellrosa.

So entstand der Esel, und der Esel, das bin ich.

Da ich Chuccas erstes Stück war, durfte er mich mit nach Hause nehmen. Er schenkte mich seinem Sohn, und sein Sohn schenkte mich wieder seinem Sohn. So ging das ungefähr über zehn Generationen bis mich schließlich Paloma erbte.

Aber leider kam der Fluch der Ahnen über Paloma und das führte dazu, dass ich, der uralte Blechesel, lebendig wurde. Paloma schrie: „Hilfe, mein Esel ist lebendig!" „Na und", schrie irgendjemand zurück, „das ist doch ganz normal."

Für Paloma aber war es entsetzlich. Erst, als sie eine Tochter bekam, verwandelte ich mich wieder in ein Blechspielzeug. Im vorigen Jahr kaufte mich eine Touristin. Das war die Mutter von Ann-Kathrin. Und jetzt geht es mir eigentlich ganz gut.

Autobiographie eines Teddybärs

Ich bin ein AID, ein außerirdisches identifiziertes Dingsda. Das nur vorneweg, um unnötiges Unverstehen zu vermeiden.
Eines schönen Tages beschloss ein Marsianer auf einer Kolonie im 32. Sonnensystem von rechts neben xy-334, dem Regierungssitz der Vereinigten Welten, mich zu erschaffen. Er wollte den Planeten Erde erforschen. Er hatte einige hilfsbereite Androiden im Lager, die nach den Berichten unserer Spione mich anfertigten. So begann mein Leben. Ich wurde ausgestattet mit allem, was ein moderner Detektiv so braucht. Wärmebildkameras, künstliches Gehirn, Sofortübertragungsnotsignalausrufer und so weiter und so fort. Dann, als ich fertig war, wurde ich durchs All geschickt. Ich sah viel von Sternen und Planeten, aber genaue Details kann man bei Lichtgeschwindigkeit sicherlich nicht erkennen. Im XY-334 wurde ich gestempelt als „Sicherlich Tier Eines Ferrückten Forschers" (kurz: Steiff). Nach einer langen Reise kam ich auf der Erde an und wurde von Spionen aus dem 31. Sonnensystem in Empfang genommen. Dann wurde ich in ein Geschäft geschmuggelt und prompt als Geschenk gekauft. Mein Identifizierungssystem erkannte ein menschliches Wesen, das mich von da an in seiner Schlafstätte beherbergte. Dann war ich lange Jahre ein Wesen niederen Stands, ich schlief und schlief. Doch plötzlich veränderte sich alles. Das Wesen nahm mich in die Stadt mit. Damit ich nicht störte, wurde ich in eine schrecklich peinlich rosa Tüte gesteckt. An einer Haltestelle für gewisse Fortbewegungsmittel der menschlichen Wesen blieb ich liegen. Ziemlich lange lag ich da und setzte Schimmel an. Das fand ich unangenehm, sehr … Doch dann kam Mr. X-Bohne. Er ließ ein meckerndes Lachen ertönen und nun, ja nun sitze ich hier und übermittle einem menschlichen Wesen per Telepathie meine Biographie.

Phaina

2. Fantasy

Eines Tages landete auf dem Marktplatz von Gelnhausen ein Ufo. Eigentlich nichts Besonderes, aber einen Schrecken bekam Cristina doch …

„Fertig zum Landen!", diese Stimme hörte ich plötzlich hoch über mir. Ich sah nach oben und erschrak.

Ein Ufo, gerade so groß wie meine Hand, schwirrte zu meinem Kopf und landete schließlich auf ihm. Dort konnte ich es nicht sehen, und so war ich sehr überrascht, als ein kleines rotes Männchen vor meine Füße sprang und mit einer hohen, piepsigen Stimme sagte: „Ich bin Tritritrixi und von Beruf Forscher. Und du?"

Das verschlug mir die Sprache. Was sollte man denn darauf antworten? Weil aber das Männchen Tritritrixi mir so triumphierend und selbstsicher in die Augen sah, brachte ich nach einer Weile hervor: „Ähm, … ich hei …, ich heiße Tina, nämlich ich heiße Tina Müller. Wir sind hier auf dem Planeten der Menschen."

„Interessant, interessant", murmelte Tritritrixi, zückte einen winzigen Schreibblock und notierte etwas. „So, und jetzt schauen wir mal dein Wohndingsda an."

Verblüfft sah ich ihm nach, als er in sein Ufo sprang. Also marschierte ich ziemlich verunsichert zu meinem Haus. Als sei es das Selbstverständlichste von der Welt parkte der Außerirdische sein Ufo auf dem Dach unseres Autos und schritt elegant auf die Haustür zu.

„Na los, mach schon auf!", befahl das kleine Wesen. Erst jetzt fiel mir ein, dass ich vorhin zum Tanzen gehen wollte und meine Mutter mich dort schon längst hätte abholen müssen.

„Geh weg, ich will dich nicht, ich brauch dich nicht!", schrie ich barscher als ich eigentlich wollte. „Hau ab! Belästige doch jemand anderen!" Mein Gesicht war rot von einer Wut, die ich gar nicht haben wollte.

Tritritrixi sah mich entgeistert an. Nach einigem Zögern drehte er sich um und marschierte beleidigt zu seinem, Ufo. „He, warte, das war nicht so gemeint. Ich will doch noch so viel über dich erfahren: Wo kommst du her? Warum bist du hier? Was suchst du auf unserem Planeten?" Ich war den Tränen nahe, ich wollte mehr über ihn erfahren.

„Ich komme vom Mars und mache Forschungen", meinte Tritritrixi trocken. Dann stieg er in sein Ufo und flog weg. Ich sah ihm nach, bis es als kleines Pünktchen in den Wolken verschwand.

Ein Schiff landet im Gelnhausener Hafen

Heute ist der 8.11.2002 .
Ich komme gerade aus Schlüchtern vom Kalten Markt nachhause. Plötzlich höre ich eine Schiffsglocke. Der scharfe, schrille Ton fährt mir durch Mark und Bein. Als mein Schreck vorrüber ist wundere ich mich: „Um diese Uhrzeit, es ist schließlich halb elf und dann noch auf der Kinzig?" Nun kann ich im dichten Nebel das Schiff ausmachen, von dem die Geräusche zu hören waren.

Es ist ein altes Segelschiff, dessen Segel total zerfetzt sind. Das muss ich näher untersuchen, denke ich mir. Nun klettere ich am Schiffrand hoch und über die Rahen zum Mastkorb. Doch bis zu diesem komme ich nicht. Etwas, das am Mast hängt zieht meine ganze Aufmerksamkeit auf sich. Es ist etwas längliches, das ist das einzige was ich beim dichten Nebel erkennen kann. Jetzt klettere ich mutig von den Rahen zum Mast hinüber.

Da rutsche ich ab und stürze. Jetzt ist es vorbei mit mir. Doch wie das Glück es so will, verfange ich mich in den Rahen und bleibe, als ich falle in den Seilen hängen. Nun arbeite ich mich an den Seilen, die am Mast herunterhängen, wieder nach oben. Das gelingt mir zum Glück. Jetzt sehe ich mir die längliche Figur genauer an. Ich bekomme einen Schreck. Die längliche Figur ist ein Mensch oder eher eine Leiche. Die Leiche musste schon lange hier hängen, denn sie war schon halb verschimmelt und ich habe Angst das sie zu Staub zerfällt, wenn ich sie berühre. Es schaudert mir als ich sehe das die Leiche mit einem Nagel durch den Kopf am Mast festgenagelt ist.

Ein Ruf holt mich aus meinen Gedanken:„Hey, alter Junge. Was machst du denn auf den Rahen, während wir gemütlich Karten spielen? Komm mit rein zu uns oder verlass das Schiff. Verstanden?" „ Äh, wenn sie mich meinen, ähm ja." Nun gehe ich mit dem Piraten in die Kajüte und spiele mit ihm und ein paarvon seinen Freunden Karten.

Da mir mein Opa gutes Karten spielen beigebracht hat, kann ich fast jedes Spiel gewinnen. Doch nun werden die Piraten sichtlich wütend und ich lasse sie ein paar Runden gewinnen. Ich schaue nach draußen und bekomme einen Schock. Ich bemerke jetzt erst, das ich mit den Piraten auf hoher See bin. Jetzt bin ich verzweifelt und weis nicht, was ich tun soll.Darum bemerke ich erst gar nicht, dass ein weiterer Pirat dazugekommen ist. Erst als er mich anspricht bemerke ich ihn: „Benno, aufwachen! Du musst zur Schule."

Am nächsten Tag gehe ich zur Schreibwerkstatt in Gelnhausen, wo uns der Lehrer prompt die Aufgabe gab eine Geschichte über ein Schiff im Gelnhausener Hafen zu schreiben. Also schrieb ich: …

Diesen Text hat Jan geschrieben. Er ist im Original ohne Korrektur der Fehler abgedruckt.

Aufgaben

Schreibe eine Fantasy-Geschichte. Mögliche Themen:

- Hilfe, die Viren krabbeln aus dem Computer
- Mit der Zeitmaschine ins Mittelalter
- Die Wompels ergreifen die Macht
- Unsere Welt gibt es noch einmal – als Spiegelbild
- Aufregung im Elfenland
- Der Vogel Greif hat mich entführt

Hier gibt es keine Grenzen. Offenbar wimmelt es in den Schreibhirnen der Schülerinnen und Schüler in diesem Alter von Weltraumphantasien, Märchenresten, Science-Fiction-Verschnitten, erotischen Traumgeschichten oder Pop-Legenden. Man sollte diesen wild gemischten Schatz nicht als trivialen Müll ansehen, sondern der Fantasie ein Forum verschaffen.

An einem Tag im Jahr 2003 kamen sich Mars und Erde so nah wie nie zuvor. So war es überall zu lesen. Also lautete die Schreibaufgabe:

Wie leben die Marswesen? Wie sehen sie aus, was machen sie den ganzen Tag, wovon träumen sie?

Die Schülerinnen und Schüler sollten ihre Antworten mit Zeichnungen versehen. Das Ergebnis: alle Marsmenschen sahen gleich aus. Grün und mit Antennen.

Nur wenn die Klischees im Kopf die Chance bekommen, nach außen zu gelangen, können sie diskutiert werden und ins Wanken geraten.

3. Zeitsprünge

Aus der Vergangenheit kommt eine bekannte Figur und staunt über die merkwürdigen Sachen, die es damals nicht gab. Überall gibt es Könige oder Kaiser, die zwar schon lange tot sind, aber in Sagen und Geschichten weiterleben. In Gelnhausen ist das Kaiser Barbarossa. Die Reste seiner Pfalz kann man dort besichtigen.

Und wenn Barbarossa plötzlich wiederkommt, kann man ihn interviewen. Das hat Stella gemacht:

Interview mit Kaiser Barbarossa

Das Telefon klingelte. Ich ging dran. „Hallo. Ist da jemand?", hauchte eine unsichere Stimme durchs Telefon. „Hermann von Balthasar am Apparat. Barbarossa, der alte Kaiser braucht Ihre Hilfe!" „Wieso denn meine?", fragte ich, und: „Welcher Barbarossa? Ist der nicht schon lange ertrunken?"

Doch dieser seltsame Hermann erklärte nichts, sondern bat mich, in die Kaiserpfalz zu kommen. Jetzt sofort. Ich radelte also los und war ein paar Minuten später bei der Kaiserpfalz.

Vor dem Tor wurde ich schon von einem völlig aufgelösten Mann in einem zerfetzten Jackett erwartet. „Hermann?", fragte ich, „sind Sie vielleicht dieser Hermann?"

Er nickte und öffnete die alte morsche Holztür. Wir liefen durch einen Gang, wo zerschepperte Vitrinen, eingeschlagene Scheiben und verbeulte Öfen lagen. Wir bahnten uns einen Weg durch das Gerümpel, und er erzählte mir alles. Dass Kaiser Barbarossa aus dem Berg gekommen sei, dass er, Hermann, nun sein Manager sei, der Kaiser aber schreckliche Angst vor allen neuen und unbekannten Sachen habe. Ich sollte ihm alles erklären. Das könnte ja heiter werden. So oft trifft man ja alte Kaiser nicht.

Als wir ankamen, schleppten gerade zwei Männer einen Tisch aus dem Museum in Barbarossas Büro. Ich wollte eintreten, doch Hermann hielt mich fest. „Erst umziehen!" Er führte mich in einen dunklen Raum.

„Gibt es hier denn keinen Lichtschalter?", fragte ich. „Oh, pardon, das habe ich ganz vergessen!" Er kramte in seinen Hosentaschen herum, und dann hörte ich ein leises Schnarren. Ich bemerkte einen schwachen Lichtschein, und Hermann hielt das Streichholz an eine Kerze. Er stellte sie dann auf einen Ständer, und man konnte etwas sehen.

Kleider hingen an der Wand, von denen Hermann eines herunternahm. „Hier, das müsste passen!" Ich zog es an, und es war ätzend heiß. Dann gingen wir zurück in Barbarossas „Kammer", und der Kaiser kam auf mich zugestürzt und küsste meine Hand. „Guten Tag, schöne Gräfin, wie ist Ihr holder Name?"

Da ich die Situation begriff, erwiderte ich schnell: „Burgunde". „Oh!", sagte er erfreut. „Wenn Sie die Güte hätten, in diesem edlen Sessel Platz zu nehmen!" Ich setzte mich mit einem Knicks und rückte das doofe Kleid zurecht.
Er fing an zu reden wie ein Wasserfall: „Riesige Vögel! Durchsichtiger Stein im Fenster! Kutschen ohne Pferde, Frauen in merkwürdiger Unterwäsche! Und die Möbel! Und, und, und ..." „Stopp, das reicht!", sagte ich. „Das muss alles weg! Es muss wieder so sein wie früher", rief er aus. „Nein!", schrie ich und zog mir das Kleid über den Kopf. Jetzt stand ich auch in der „merkwürdigen" Unterwäsche da, und er starrte mich an. „Ich heiße nicht Burgunde, sondern Stella! Diese riesigen Vögel sind Flugzeuge, im Fenster ist Glas, und das, was ich anhabe, ist in Mode!!!"

Er wollte etwas sagen, doch ich bemerkte drohend: „Oh nein, du sagst jetzt nichts mehr, sondern verschwindest hübsch wieder in deinem Berg! Du passt nicht in unsere Zeit und du kannst nicht alles ändern! Du bist längst Geschichte, wenn du weißt, was ich meine!"
In diesem Moment löste er sich auf und verschwand für immer (oder zumindest für weitere 900 Jahre) in seinem Berg.

Aufgaben

▶ Interviewe einen Kaiser oder König oder eine andere Persönlichkeit, die vor vielen Jahrhunderten lebte.

▶ Recherchiere die alte Kleidung, die Lebensumstände, das Alltagsleben, damit das Interview „echt" ausfällt.

▶ Lasse eine historische Persönlichkeit zu Besuch kommen. Sie geht durch die Straßen und staunt. – Worüber?

▶ Ein Ureinwohner aus Australien oder ein Prinz aus Äthiopien kommt zu dir nach Hause. Was sieht er, worüber wundert er sich besonders? (Überlege: Gibt es eigentlich noch Menschen, die außerhalb der modernen Zivilisation leben? Wo kannst du dich informieren? Gibt es ein Völkerkundemuseum in deiner Nähe?)

▶ Eine fremde Perspektive können auch Tiere oder Weltraumbewohner annehmen, die das Leben der Menschen auf dieser Erde sehr seltsam finden.

4. Krimi-Geschichten

Kriminalromane sind eine der beliebtesten Gattungen der Erwachsenen. Warum sollte es bei Kindern und Jugendlichen anders sein? Um hier zu einigermaßen „realistischen" Ergebnissen zu gelangen, könnte eine vorbereitende Reportage über die Arbeit der örtlichen Polizei am Anfang stehen. Geht es um den Raubüberfall einer Sparkassenfiliale, sollten zum Beispiel die Sicherheitssysteme recherchiert werden. Der Filialleiter hilft gerne. Man sollte allerdings vorher klären, dass es nicht um die Vorbereitung eines Überfalls, sondern um ein Schreibprojekt geht.

In unserer Schreibwerkstatt haben wir den Kommissar Rudolf Rabenstein erfunden. Er wird bei den schwierigen Fällen gerufen, deren Lösung die Möglichkeiten der lokalen Polizei übersteigt.

Lisa schildert einen Einsatz:

> Es geschah am Morgen des 15. Oktober 2002. Ein Bankangestellter der Sparkasse in Gelnhausen ging gerade fröhlich pfeifend zum Tresor, um ein wenig Bargeld für die Kasse zu holen. Doch als er die schwere Stahltür öffnete, blickte er in einen völlig leeren Raum. Das gesamte Geld war verschwunden – gestohlen, was sonst?
>
> Entsetzt blieb er einige Sekunden mit weit offenem Mund in der Tür stehen. Als er sich wieder gefasst hatte, rannte er wie ein geölter Blitz die Treppe hinauf zum Telefon und rief die Polizei an. „Tut mir sehr Leid, aber das ist wirklich eine Nummer zu groß für uns, das ist ein Fall für Rabenstein!", sagte der Polizist.
>
> Kommissar Rudolf Rabenstein, der sich den Tag freigenommen hatte, um mit seiner Freundin Nadine Stettner nach Hanau zum Einkaufen zu fahren, kam mit Blaulicht angerast und schaute sich den Tatort an. „Bitte verlassen Sie alle die Bank, ich werde jetzt die Spurensicherung rufen", verkündete er und fuhr sich mit der Hand durch das kastanienbraune Haar, das er meistens zu einem Zopf zusammengebunden hatte. Wenige Minuten später trafen fünf Männer mit weißen Kitteln ein und sperrten den Bereich um den Tresor ab.
>
> **Am Tag zuvor**
>
> Es war mal wieder viel los in der Sparkasse. Deshalb merkte der Angestellte nicht, wie ein schwarz gekleideter Mann zur Toilette schlich.
>
> Er hatte schwarze, flott nach hinten gegelte Haare, trug eine Brille und war durch eine Narbe gekennzeichnet, die quer über die Nase lief. Er war etwa dreißig Jahre alt und 1.80 Meter groß. Kein Zweifel, es handelte sich um Siegfried Blei.

Er schloss die Tür der Toilette hinter sich zu und stieg in den Lüftungsschacht, der sich über ihm befand. Der Schacht war gerade so breit, dass Siggi hineinpasste.

Er packte eine Thermoskanne mit Kamillentee und ein Mohnbrötchen mit Camembert und Nutella aus. Versehentlich ließ er ein Stück vom Brötchen auf den mit Fliesen ausgelegten Boden fallen, als er genüsslich in das Brötchen biss.

Nach kurzer Zeit gingen die Lichter in der Sparkasse aus und der Angestellte schloss sorgfältig die Tür ab. Siegfried wartete noch einige Minuten, bis er sicher sein konnte, dass er allein und ungestört war. Dann drückte er einen kleinen roten Knopf auf der Fernbedienung, die er aus seiner Jackentasche zog.

Sofort ging die Außenbeleuchtung und die Alarmanlage aus. Er kroch aus dem Lüftungsschacht und holte das Kombiwerkzeug, das er am Tag zuvor unter dem Waschbecken versteckt hatte. Er und sein Freund Ralf hatten schon Wochen zuvor alles bis ins Detail geplant. Ralf hatte ihm die Fernbedienung gegeben, denn er hatte die Alarmanlage in die Sparkassenfiliale eingebaut und wusste daher, wie man sie abstellt.

Es war kein Problem für Siggi, den Tresor zu knacken, denn mit Hilfe der Fernbedienung konnte er auch den Code knacken. Als die schwere Tür geöffnet war, stopfte er so viel Geld wie möglich in die mitgebrachte Tasche; dann stieg er aus dem Fenster. Siegfried rannte unbemerkt über den Hof zu Ralf, der in seinem kleinen Ford Fiesta auf ihn wartete.

Nach stundenlanger Suche fanden die Beamten der Spurensicherung eine Fernbedienung und auf der Toilette ein kleines Stück von einem Mohnbrötchen, seltsamerweise belegt mit Camembert und Nutella. Da niemand außer den Angestellten den Code kannte, verdächtigten sie sich untereinander. Zu dieser Zeit herrschte kein gutes Betriebsklima in der Sparkassenfiliale.

Monate später

Es war an einem Freitag. Rabenstein ging mit Nadine essen. Er winkte der Wirtin zu und wollte bestellen. Sie kam an den Tisch und meinte: „Also Herr Rabenstein, dass Sie sich überhaupt noch hierher trauen! Für Sie und ihre tollen Kollegen ist die Sache mit dem Bankraub wohl abgehakt? Heutzutage ist es doch kein Risiko mehr, eine Bank auszurauben." „Das stimmt aber nicht", versuchte sich Rabenstein zu rechtfertigen. „Ich bin fast Tag und Nacht auf der Wache und warte auf handfeste Beweise!" „Da hat er Recht", sagte Nadine, „ich seh' ja meinen Rudolf kaum noch, der Fall geht ihm nicht aus dem Kopf."

Am Nachbartisch unterhielten sich gerade ein paar Männer über ausgefallene Essgewohnheiten. „Mein Großvater hat immer rohe Eier zum Frühstück ausgeschlürft", prahlte der eine. „Ach was, das ist noch gar nichts! Ich kenne eine Frau, die muss für ihren Sohn immer Mohnbrötchen kaufen ..." „Na und, das ist doch nichts Besonderes, Mohnbrötchen ess' ich jeden Samstag." „Jetzt lass mich mal ausreden, Kumpel. Also, sie muss Mohnbrötchen kaufen und sie für den verwöhnten Herrn mit Camembert und Nutella bestreichen." „Mohnbrötchen mit Käse und Nutella? Moment mal, das kommt mir doch bekannt vor ...", dachte Rabenstein. „Na klar! Der verdammte Überfall!" Der Kommissar erkundigte sich beiläufig am Nachbartisch, wo diese Frau wohnte und ließ die wieder einmal wütende Nadine allein zurück. Gleich fuhr er zu Frau Blei nach Neuses und klingelte an der Haustür. Frau Blei öffnete, wischte sich die Hände an der Schürze ab und musterte den Kommissar. „Guten Tag, mein Name ist Rabenstein, Kripo Hanau. Ist ihr Sohn zu Hause?" „Nein, das tut mir Leid, er ist mal wieder nicht da. Seit er die Stelle als Computervertreter hat, ist er eigentlich nur noch unterwegs. Er verdient gut, wissen Sie, ne Menge Geld, und er schenkt mir so schönen Schmuck, weil er so selten nach Hause kommt, der Siggi." „So, so, Computervertreter!", meinte Rabenstein. „Wann kommt er denn mal wieder nach Hause?" „Da haben Sie aber Glück, heute Abend wollte er kommen. Was wollen Sie denn von meinem Siggi, er wird doch nichts angestellt haben?" „Angestellt?, na ja, angestellt direkt nichts, aber ich müsste mal dringend mit ihm reden."

Rabenstein setzte sich in seinen Wagen und behielt die Haustür im Blick. Dann kam Siggi Blei. Der Kommissar nahm ihn mit auf die Wache und stellte ihm eine Frage, mit der Siggi überhaupt nichts anfangen konnte. „Was haben Sie heute gefrühstückt?" „Wie immer, was soll ich gefrühstückt haben? Ein Mohnbrötchen mit Camembert und Nutella, haben Sie vielleicht was dagegen?" „Nein, dagegen hab ich nichts. Aber Sparkassenfilialen ausrauben, dagegen hab' ich was und zwar ne ganze Menge."

Siggi Blei wurde bleich im Gesicht, und er schwitzte, obwohl es gar nicht so warm war. Dann klickten die Handschellen, und der Fall war aufgeklärt.

Auch Ralf wurde gefasst und festgenommen. Er und Siegfried wurden zu fünf Jahren Gefängnis verurteilt.

✎ Aufgaben

▸ Denke dir einen Fall aus.
▸ Skizziere die Handlung.
▸ Porträtiere die Figuren. Wie sieht die Kommissarin/der Kommissar aus? Wie heißt sie/er? Welche Eigenschaften hat sie/er? Wer sind die Täterinnen/Täter? Mache lebendige Menschen aus ihnen.
▸ Um welches Verbrechen handelt es sich?
▸ Wo wurde es begangen?

5. Spannung

Krimis und auch kurze Kriminalerzählungen müssen spannend sein. Spannung entsteht, wenn offene Fragen so geschildert werden, dass die Leserin/der Leser ungeduldig auf die Antwort wartet.

 Aufgaben

Die Aufgabe besteht aus zwei Teilen. Beschreibe zuerst ein paar offene Tatbestände nach den Mustern unten. Stecke je eine Spannungsszene in einen Umschlag und bitte einen Mitschüler, einen Freund, einen Lehrer darum, die „Geschichte" weiterzuschreiben.

▌ Herr Lehmann geht am Morgen fröhlich pfeifend zur Garage. Er öffnet mit der Fernbedienung das Tor. Sein BMW ist nicht da. Wo sonst sein Auto steht, liegt ein altes verrostetes Fahrrad. Was ist passiert? ...

▌ Frau Kluth gießt an einem Sommerabend ihre sorgfältig gepflegten Rosen. Drei besonders schöne Blüten sind umgeknickt. Im Beet liegt eine Botschaft, die aus Zeitungswörtern zusammengeklebt ist: „Wir sind sehr geknickt! Wenn nicht alle Rosen geknickt werden sollen, zahlen Sie 1000 Euro!" Wer steckt dahinter? ...

▌ Hunter, der gutmütige Golden Retriever der Familie Crone ist verschwunden. Am nächsten Morgen ist er wieder da. Um seinen Hals trägt er eine Schnur. Die Schnur hält einen Brief mit einer Botschaft: „Das war erst der Anfang! Wenn wir Sie noch einmal erwischen, kommt Hunter nie wieder!" Von wem stammt die Botschaft? Wobei wurde Familie Crone erwischt?

Dieses Krimi-Schreibspiel kann auch gut mit Hilfe der Schülerzeitung durchgeführt werden: In einer Ausgabe werden die Fragen veröffentlicht, in der nächsten erfährt man dann die Auflösungen des Schulleiters, des Deutschlehrers usw.

Es macht sicher Spaß, Anspielungen aus der eigenen Umgebung in den Texten zu verstecken.

 Aufgaben

Entwirf den Plot eines Krimis, der in einem Milieu spielt, das du kennst:
in deinem Verein, in deiner Straße, in der Schule, an der Arbeitsstelle deiner Eltern. (Was ist ein Plot? Suche die Definition in einem Lexikon.)

Beispiel

So könnte ein Plot aussehen:

Das liebevoll, aber illegal gebaute Häuschen auf dem Schrebergartengrundstück von Familie Gaßmeyer ist bis auf qualmende Reste abgebrannt. Onkel Horst, der immer auf Geschäftsreise ist, hatte dort 70 000 Euro versteckt. Das weiß aber nur er. Die Polizei ermittelt wegen Brandstiftung. Onkel Horst sucht sein Geld. Der Brandstifter wird schnell gefunden. Es handelt sich um einen Vereinskameraden, der selbst kein Häuschen im Schrebergarten bauen konnte. Aber das Geld bleibt verschwunden. Jemand muss sich in die Angelegenheit eingemischt haben. Onkel Horst engagiert einen Privatdetektiv. Gemeinsam versuchen sie, den Dieb und das Geld zu finden. Das gelingt schließlich dem dreizehnjährigen Sven Gaßmeyer, aber er gerät in große Gefahr dabei.

 Aufgabe

Lege eine Sammlung von realen „Fällen" an, die du in der Zeitung findest. Klebe die Berichte über diese Fälle in ein Heft. So gelangst du zu einem „Verbrecheralbum", das dir dabei hilft, eigene Krimis zu schreiben.

 Aufgabe

Schreibe eine Fernsehkrimi-Kritik. Wenn du alt genug bist, dann schau dir zusammen mit deinen Eltern einen Krimi (keinen Thriller oder Schocker!) an und schreibe auf, was dir gefallen hat, bzw. was du nicht gut fandest. Sprich darüber mit deiner Lehrerin, deinem Lehrer. Vielleicht erzählt sie/er dir bei dieser Gelegenheit, dass er jeden Sonntag den „Tatort" sieht.

 Aufgabe

Schreibe eine Krimi-Hörbuch-Kritik. Welche Krimi-Hörbücher für Kinder und Jugendliche kennst du? Was kannst du empfehlen? Was hast du als Kind gehört, als du sieben oder acht Jahre alt warst?
Könntest du nicht zusammen mit deinen Freundinnen oder Freunden selbst ein Krimi-Hörbuch produzieren?

Genau das alles haben wir in unserer Schreibwerkstatt mit großem Vergnügen getan.

Wer selbst Krimis oder Ähnliches schreibt, wer selbst Hörbücher erstellt (mit bescheidenen, aber witzigen Methoden), die oder der kann dann die Werke anderer Autorinnen und Autoren sehr viel kompetenter beurteilen. Denn: Wer selber schreibt, liest anders.

Literatur

ALTHAUS, HANS PETER: Kleines Lexikon deutscher Wörter jiddischer Herkunft. München: Beck 2003.

BECK, RUFUS liest: Die Kinder-Uni. München: Der Hörverlag 2003.

BOEHNCKE, HEINER/SARKOWICZ, HANS: Die deutschen Räuberbanden. Frankfurt am Main: Eichborn 1991.

BUHMANN, HEIDE (Hrsg.): Fette Reime und Fette Beats in Deutschland. Schlüchtern: Eigenverlag 2001.

DENCKER, KLAUS PETER (Hrsg.): Deutsche Unsinnspoesie. Stuttgart: Reclam 1995.

DUDEN: Herkunftswörterbuch. Etymologie der deutschen Sprache. Mannheim: Dudenverlag ³2001.

Dudenredaktion: DUDEN, der passende Ausdruck. Ein Synonymwörterbuch für die Wortwahl. Mannheim: Dudenverlag ⁴2004.

ENZENSBERGER, HANS MAGNUS: Das Wasserzeichen der Poesie. Frankfurt am Main: Eichborn 2001.

ENZENSBERGER, HANS MAGNUS: Lyrik nervt! Erste Hilfe für gestresste Leser. München/Wien: Hanser 2004.

FOLZ, JÜRGEN: Schülerduden Wortgeschichte. Herkunft und Entwicklung des deutschen Wortschatzes. Mannheim: Bibliographisches Institut 1987.

HALLER, MICHAEL/BÜRER, BARBARA: Die Reportage. Ein Handbuch für Journalisten. Konstanz: UVK-Medien 1997.

JANSSEN, ULRICH/STEUERNAGEL, ULLA: Die Kinder-Uni. München: Deutsche Verlagsanstalt 2003.

KIPPENHAHN, RUDOLF: Streng geheim! Wie man Botschaften verschlüsselt und Zahlencodes knackt. Reinbek bei Hamburg: Rowohlt Rotfuchs 2002.

KNÖRRICH, OTTO: Lexikon lyrischer Formen. Stuttgart: Kröner 1992.

KREKOW, SEBASTIAN: Das neue HipHop-Lexikon. Berlin: Schwarzkopf und Schwarzkopf 2003.

KUNZE, KONRAD: dtv-Atlas Namenkunde. Vor- und Familiennamen im deutschen Sprachgebiet. München: Deutscher Taschenbuchverlag 2003.

LIEDE, ALFRED: Dichtung als Spiel. Studien zur Unsinnspoesie an den Grenzen der Sprache. Berlin: de Gruyter 1992.

MAIER, BERNHARD: Kleines Lexikon der Namen und Wörter keltischen Ursprungs. München: Beck 2003.

NABIL, OSMAN: Kleines Lexikon deutscher Wörter arabischer Herkunft. München: Beck ^{6}2002.

PEREC, GEORGES: Anton Voyls Fortgang. Reinbek bei Hamburg: Rowohlt 1991.

PFEIFFER, HERBERT: Oh Cello voll Echo. Palindromgedichte. Frankfurt am Main/Leipzig: Insel 1993.

QUENEAU, RAYMOND: Stilübungen. Frankfurt am Main: Suhrkamp: 1990.

RUDZINSKI, ROSWITHA: Die erste Büttenredner-Fibel. Mannheim: Eigenverlag 2002.

STEPUTAT, WILLY: Reimlexikon. Bearbeitet von Angelika Fabig. Stuttgart: Reclam 1997.

SUZUKI, MASAJI: Erste Haiku-Schritte. Eine Fibel. Stuttgart 1986.

WEBER, ANNEMARIE: Sag es treffender! Reinbek bei Hamburg: Rowohlt ^{43}2002.

Ideen für Ihren Deutschunterricht

Hugo Kastner
Die Fundgrube für Denksport und Rätsel in der Sekundarstufe I und II
240 Seiten mit Abb., Paperback
ISBN 3-589-22055-4

Werner Braukmann
Freies Schreiben
Praxishandbuch für die Sekundarstufe I und II
192 Seiten mit Abb., Paperback
ISBN 3-589-21876-2

Wiebke Gerstenmaier / Sonja Grimm
Praxishandbuch Deutsch
- Sprechen
- Schreiben
- Lesen
240 Seiten mit Abb., Paperback
ISBN 3-589-22068-6

Realschule Enger
Lernkompetenz: Deutsch
Bausteine für das 5. bis 10. Schuljahr
200 Seiten mit Abb., Paperback,
mit CD-ROM
ISBN 3-589-21857-6

Ideen für Ihren Deutschunterricht

Gerhard Eikenbusch
Qualität im Deutschunterricht
der Sekundarstufe I und II
240 Seiten mit Abb., Paperback
ISBN 3-589-21426-0

Carsten Gansel
Moderne Kinder- und Jugendliteratur
Ein Praxishandbuch für den Unterricht
240 Seiten mit Abb., Paperback,
ISBN 3-589-21152-0

Cornelsen Copy Center
jeweils 96 Seiten, Paperback

Renate Mann
Beate Saßmann (Hrsg.)
Deutschunterricht: kreativ
Kopiervorlagen für das 5./6. Schuljahr
ISBN 3-589-21598-4

Renate Mann
Beate Saßmann (Hrsg.)
Deutschunterricht: kreativ
Kopiervorlagen für das 7./8. Schuljahr
ISBN 3-589-21648-4

Fragen Sie bitte
in Ihrer Buchhandlung!